HERMES

在古希腊神话中，赫耳墨斯是宙斯和迈
亚的儿子，奥林波斯神们的信使，道路
与边界之神，睡眠与梦想之神，亡灵的
引导者、演说者、商人、小偷、旅者和
牧人的保护神……

中國傳統 經典與解釋 Classici et Commentarii

廖平集

劉小楓　潘林◎主編

知聖篇

廖平◎著
潘林　曾海軍◎校注

華夏出版社
HUAXIA PUBLISHING HOUSE

古典教育基金·"传德"资助项目

"廖平集"出版説明

廖平（1852—1932），四川井研縣人。初名登廷，字旭陔，後改名平，字季平。初號四益，繼改四譯，晚號六譯。早年受知張之洞，補縣學生，後中舉人、進士。歷任龍安府教授、松潘廳教授、射洪縣訓導、綏定府教授，並先後主講井研來鳳、成都尊經、嘉定九峰、資州藝風、安岳鳳山等書院。1898 年參與創辦《蜀學報》，擔任總纂，宣傳維新思想。1911 年任《鐵路月刊》主筆，鼓吹"破約保路"。四川軍政府成立，任樞密院院長。後任四川國學學校校長，兼任華西大學、成都高等師範學校教授。1932 年去世，獲國葬待遇。

廖平早年受張之洞和王闓運等人影響，於乾嘉考據、宋學義理等無所不窺，後專心探求聖人微言大義，由此開始其漫長的經解事業。廖平一生學凡六變，著述逾百種，以經學爲主，兼及史學、小學、醫學、堪輿等，有《四益館經學叢書》《六譯館叢書》等傳世。

廖平在經學史和近代思想史上的重要地位毋庸置疑，由於學界長期關注曾參與重大政治事變的大儒，加之廖平經學一向以"精微幽眇"著稱，其學術思想長期未得到足夠重視。近年來，學界關於廖平及其學術思想的研究取得了一定的成果，也整理出版了廖平的系列著述，尤以 2015 年出版之舒大剛和楊世文主編的點校本《廖平全集》爲代表。然古籍僅點校爲止，則故書仍然是"故書"，不便於當今廣大讀者研習。我們的企望是，通過箋注使故書煥然而爲當今嚮學青年的活水資源。

本"集"整理廖平著述，除收入廖平生前所編《六譯館叢書》中的幾乎所有文獻外（不含輯錄的個別前人文獻），同時盡可能地收錄《叢書》之外的廖平文獻，定名爲"廖平集"，分册陸續出版。鑒於《六譯館叢書》編目較爲雜亂，"廖平集"依體例和篇幅大小重組。多部著述合編爲一册者，或者歸類命名，或者以篇幅最大者具名，涵括相關短篇。具體整理方式是：繁體横排，施加現代標點，針對難解語詞、人物職官、典章制度、重要事件等作簡明注釋。

古典文明研究工作坊

中國典籍編注部丁組

2017 年 2 月初稿

2019 年 11 月修訂

目　　録

校注説明

　　近代經學大師廖平著述宏富,《知聖篇》是其中頗有影響的代表作之一。《知聖篇》又稱《知聖編》,分上、下兩卷,刊行時分別以《知聖篇》(即正篇)和《知聖續篇》命名。書中所載,除序、跋之外,皆爲經話札記,共一百四十一則,其中正篇七十則,續篇七十一則。

　　《知聖篇》的成書過程,頗費周折。光緒戊子(1888)冬,廖平撰成《知聖篇》,爲廖氏經學"二變"時期尊今思想之代表作。次年,廖平客居廣州廣雅書局,欲刊此本,然而其論非常可駭,"或以發難爲嫌,東南士大夫轉相鈔録,視爲枕中鴻寶,一時風氣爲之改變。湘中論述,以爲素王之學倡於井研者,此也"。①　不久,廖平以該書稿示康有爲,康有爲"遂據之撰爲《孔子改制考》,且於廖氏説大有發展。近世學林流行之託古改制説,蓋即肇始於此"。②　此書在一定程度上啟發康有爲撰《孔子改制考》,而《孔子改制考》則是戊戌變

————————

　　①　《光緒井研縣志》卷十四《藝文四·子部一》,載《中國地方志集成·四川府縣志輯㊽》,巴蜀書社 1992 年版,第 401 頁。
　　②　《中國近代思想家文庫·廖平卷》,蒙默、蒙懷敬編,中國人民大學出版社 2014 年版,第 82 頁。

法的重要思想淵源之一，可見此書的歷史意義非同一般。

　　據《知聖篇》自跋，壬辰（1892）以後，該書稿屢有修改。但因
"借鈔者衆，忽失不可得"。庚子（1900）得廣雅書局己丑（1889）鈔
本，遂略加修改，滲入"三變"時期大小統、"四變"時期天人學思想，
於光緒二十八年（1902）由綏定府中學堂付梓。廖平晚年又於家藏
《知聖篇》（以下簡稱"家藏本"）上續有批改，"五變"時期孔子造字
等説亦入之，可見其治學之善變思進。

　　《知聖續篇》成於光緒二十八年，隨即與正篇合爲上、下兩卷，
由綏定府中學堂刊行，此即原刻本，①後收入《六譯館叢書》。是書
"卷内仍題爲《知聖篇》《知聖續篇》，蓋以示二篇非一時之作也"。②
《續篇》撰成之時，廖平已漸悟天、人之學，開啓經學"四變"，故其較
多地反映"三變""四變"時期思想。

　　《知聖篇》以"知聖"命名，何爲"知聖"？蓋"知聖"二字取自
《孟子·公孫丑上》"宰我、子貢知足以知聖人"，"聖"即孔子。廖
平云：

　　　　欲明經學，必先知聖與制作六經之本旨。……學者必先

──────────

　　① 據綏定府中學堂刻本《知聖篇》封面"光緒壬寅年春三月，射洪鄧維
翰題"，《知聖續篇》自序落款"光緒壬寅孟冬"，則正、續二篇當刊行於壬寅年
（1902），其時廖平任綏定府教授。説參鄭偉《廖平著述考》（四川大學出版社
2013年版）。
　　② 《中國近代思想家文庫·廖平卷》，前揭，第82頁。

知聖,而後可以治學;必先知經,而後可以治中西各學。①

　　治經治學的前提在"知聖","知聖"即知孔子爲素王制作六經之義。"孔子爲生民未有之第一人",以宰我、子貢之智方足以"知聖",聖不易知,學聖更不可矣。

　　《知聖篇》開篇云:

　　　　孔子受命制作,為生知,為素王,此經學微言,傳授大義。……今欲刪除末流之失,不得不表章微言,以見本來之真。洵能真知孔子,則晚説自不能惑之矣。

　　《知聖篇》開篇即明言"孔子受命制作","爲素王",此爲全書核心要義,亦即公羊家之素王論。廖平在本篇中多方引經據典,對素王論加以闡述和發揮,提出如下一些重要論點:六經皆孔子改制救弊之作,"六經旨要,以制度爲大綱,而其辨等威、決嫌疑,尤爲緊要";孔子託古改制,有德無位,"存空言於六經,託之帝王,爲復古反本之説";孔子爲中國立萬世法,"集群聖之大成,垂萬世之定制",等等。

　　至於"三變"時期大小統、"四變"時期天人學思想,在《知聖篇》的部分段落中有所反映,當爲1900至1901年間所增訂,而在《知聖續篇》中,廖平則不厭其煩,詳加闡述。所謂小統,是指以《春

---

　　① 《四益館雜著·治學大綱》,廖平著,王夏剛校注,華東師範大學出版社2020年版,第233頁。

秋》爲經、《王制》爲傳的王伯學,爲中國治法;所謂大統,是指以《尚書》爲經、《周禮》爲傳的皇帝學,爲全球治法。此說當本之於公羊家之大一統說。"四變"之後,廖平以《春秋》《尚書》爲人學,"爲著明之行事",適於中外開通後之全球;以《詩》《易》爲天學,"爲隱微之思想",適於數千萬年後六合之外。此皆爲孔子翻定六經而爲後世所立之大法,後生所爲僅"知聖"而已。

就現存《知聖篇》早期版本而言,除光緒二十八年綏定府中學堂刻本、民國時期《六譯館叢書》刻本(較前者除多鄭跋外,其餘版刻實與之相同)外,還有宣統三年(1911)上海國學扶輪社發行的張鈞衡《適園叢書》鉛印本(以下簡稱"適園本")。適園本在原刻本的基礎上校訂,但亦有未盡改、錯改和奪字者。此次校注,即以《六譯館叢書》本爲工作底本,以適園本參校,並參考了《廖平學術論著選集一》(李耀仙主編,巴蜀書社1989年版)等點校本。惜家藏本真顔無從得見,今乃據巴蜀書社本校勘記轉錄廖氏晚年之續改內容(共二十九處),以資參閱。

本書係"經典與解釋"叢書之一,其校注的主要體例如下:

一、全書采用繁體橫排,施加現代標點,於難解語詞、人名地名、典章制度等,作簡明箋注。

二、正文用大號宋體字,原書自注和校注者新增注釋用小號宋體字。新增注釋文字較短者,采用隨文夾注形式,外加圓括號(單獨注音除外);文字較長者和校勘記,則采用脚注形式。

三、爲適應現代排版和閱讀的需要,版式方面作了適當調整。如將長段引文改爲"獨立引文"格式,采用仿宋字。雙行小字改爲單行。對於篇幅較長的段落,酌情再分段;同時,標出原書正文段落的序號(原書每則杞記爲一自然段),以便查檢。

四、對於底本文字涉及訛、脱、衍、倒者,一般在頁下出校記説明。若有文獻依據,或係明顯錯誤,將底本文字改正;若僅爲筆劃小誤,如日曰、己已等之類混淆,則徑改而不出校記。

五、逐一核實引文,並儘量標注出處。廖氏引書,有節引、意引乃至"改經"等多種情況。若文字有訛、出入較大,一般出校記説明,或據材料改正,或存異文;若僅係虛詞出入或詞句省略,而不影響閲讀,則不出校記説明。

七、凡原書沿用習慣,爲避聖諱、清諱所改字,徑予回改,不出校記。

八、凡原書字迹漫漶而無法辨認者,用"□"表示。

九、異體字一般仍如其舊;但若前後混用且無異義,則統一爲通用字。爲規範起見,將舊字形悉改爲新字形。

十、增列主要徵引書目,附於全書末。

六譯先生學術閎深,後學雖竭駑鈍之材,書中疏謬難免,尚祈方家郢正,有以教之云爾。

潘林

庚子暮秋

識於古典文明研究工作坊

知 聖 篇

廖平　著
潘林　校注

知聖篇自序

　　測天之術,古有三家,秦漢以來,惟傳渾、蓋①。西人創爲
地動天虛之説,學者不能難(責難)之。或者推本其術,以爲古
之宣夜②。徵之緯、子,信中國遺法也。

---

　　①　渾、蓋,指渾天説、蓋天説,爲中國古代的兩種宇宙結構學説。渾天説
認爲,"渾天如雞子(校注者按:即雞卵),天體圓如彈丸,地如雞中黄","天轉
如車轂之運也,周旋無端,其形渾渾"(嚴可均輯《全後漢文》録張衡《渾天
儀》)。最早的蓋天説出現於周代,主張"天員如張蓋,地方如棊局"(《晉書·
天文志》引《周髀》)。後來改爲"天似蓋笠,地法覆槃,天地各中高外下。北極
之下爲天地之中,其地最高"(《晉書·天文志》),日月星辰隨天蓋而運動,其
東升西没是由於近遠所致,而非由於没入地下。
　　②　宣夜,中國古代的一種宇宙學説。主張天無一定形狀,也非由物質構
成,其高遠無止境,日月星辰飄浮空中,動與静皆依靠氣。孔穎達《尚書正義》
引蔡邕《天文志》:"言天體者有三家:一曰周髀,二曰宣夜,三曰渾天。"又引虞
喜曰:"宣,明也;夜,幽也。幽明之數,其術兼之,故曰宣夜。"

六藝①之學，原有本真。② 自微言絶息，③異端蠭（同"蜂"）起，以僞作真，羲（羲和，傳説中駕馭日車之神）轡失馭，妖霧漫空，幽幽千年，積迷不悟，悲夫！援經測聖，正如以管窺天，苟有表見（同"現"），無妨更端（另起端緒），踵事增華（指因襲前人所爲，而加以增添補益。語本南朝梁蕭統《文選序》："蓋踵其事而增華，變其本而加厲；物既有之，文亦宜然。"），或可收效錐管（謙言收效甚小。典出《莊子·秋水》："子乃規規然而求之以察，索之以辯，是直用管窺天，用錐指地也，不亦小乎！"）。若以重光古法，功同談天④，則力小任重，事方伊始，一知半解，何敢謂然！獨是既竭吾才（語出《論語·子罕》："顏淵喟然歎曰：'……既竭吾才，如有所立卓爾，雖欲從之，末由也已。'"），不能自罷，移山填海，區區苦心，當亦爲識者所曲諒焉。

光緒戊子（1888）季冬，四益主人識於黃陵峽（位於今湖北宜昌，屬西陵峽中的一段）舟次。

----

① 六藝，即《禮》《樂》《書》《詩》《易》《春秋》六經。見《史記·滑稽列傳》："孔子曰：'六藝於治一也。《禮》以節人，《樂》以發和，《書》以道事，《詩》以達意，《易》以神化，《春秋》以道義。'"《太史公自序》略同。六藝，家藏本改爲"六經"。餘不盡改。

② 原有本真，家藏本改爲"原本孔作"。

③ "自微言絶息"前，家藏本加"五十頤卦立頤以言立教"十字。

④ 談天，見《史記·孟子荀卿列傳》："故齊人頌曰：'談天衍，雕龍奭，炙轂過髡。'"裴駰集解引劉向《別録》曰："騶衍之所言五德終始，天地廣大，盡言天事，故曰'談天'。"

知 聖 篇

一

　　孔子受命制作,爲生知,爲素王①,此經學微言,傳授大義。帝王見諸事實,孔子徒託空言,六藝②即其典章制度,與今《六部則例》(清代六部制定並經欽准,且爲相關機構及其工作人員所遵循的辦理各項事宜的規章準則。從康熙年間起,陸續編纂並頒行)相同。素王一義,爲六經之根株綱領③。此義一立,則群經皆有統宗,互相啟發,箴芥相投;④自失此義,則形體分裂,南北背馳,六

―――――――――――

　　① 素王,典出《莊子·天道》:"以此處下,玄聖素王之道也。"郭象注:"有其道爲天下所歸,而無其爵者,所謂素王自貴也。"廖平《何氏公羊解詁三十論·主素王不王魯論》:"素,空也;素王,空託此王義耳";素王本義,非謂孔子自爲王,"謂設空王以制治法而已"。
　　② 六藝,家藏本作"六經"。
　　③ 綱領,家藏本刪此二字。
　　④ 箴芥相投,指磁石吸引鐵針,琥珀黏取芥子,比喻相互契合。箴,同"針"。語本三國吳韋昭《吳書》:"虎魄不取腐芥,磁石不受曲鍼。"按,"虎魄"即"琥珀"。

經無復一家之言①。以六經分以屬帝王②、周公、史臣，則孔子遂流爲傳述家，不過如許、鄭（東漢經學家許慎、鄭玄）之比。

何以宰我（即宰予，字子我，孔子弟子）、子貢（即端木賜，字子貢，孔子弟子）以爲賢於堯舜，③至今天下郡縣立廟④，享以天子禮樂，爲古今獨絶⑤之聖人？《孟子》云：“宰我、子貢知（同“智”）足以知聖人。”（《孟子·公孫丑上》）可見聖不易知。今欲删除末流之失，不得不表章（即表彰）微言，以見本來之真。洵（誠然，確實）能真知孔子，則晚説自不能惑之矣。

二

據《易緯》《孟子》《公羊》，以文王爲文家之王，文家即所謂中國，質家則爲海外。今按：此先師相傳舊説也。孔子不有天下，又不能不立教，⑥即“天將以爲木鐸”（《論語·八佾》）“天下有道，庶人不議”（《論語·季氏》）之意也。而六藝（見本篇自序脚

---

① 一家之言，家藏本作“至聖立言”。
② 帝王，家藏本作“堯、舜、湯、文”。
③ 見《孟子·公孫丑上》：“宰我曰：‘以予觀於夫子，賢於堯舜遠矣。’子貢曰：‘見其禮而知其政，聞其樂而知其德。由百世之後，等百世之王，莫之能違。自生民以來，未有夫子也。’”
④ 立廟，家藏本作“立大祀廟”。
⑤ 獨絶，家藏本作“獨一無二”。
⑥ 又不能不立教，家藏本作“又受命爲制作”。

注)①典章,據帝王爲藍本,從四代(指虞、夏、商、周四代)而改,不便兼主四代,故託之於文王。欲實其人,則以周之文王當之。《中庸》云:"文武之政,布在方策";"憲章文武"。《論語》云:"文武之政②,未墜於地"(《論語·子張》);"文王既没,文不在茲乎"(《論語·子罕》)。

除擇善而從③之外,不能不取己所新創之事,並以爲古制,以時制爲反(同"返")古。《論語》之所謂"從周""周監二代"(語出《論語·八佾》:"子曰:'周監於二代,郁郁乎文哉!吾從周。'"),與《孟》《荀》之所謂"文王"名異實同。蓋經傳制事,皆有微顯、表裏二意:孔子制作,裏也,微也;託之文王,表也,顯也。自喻則爲作,告人則云述。以表者顯者立教,以改作之意爲微言。故七十子以後,此義遂隱,皆以《王制》(《禮記》篇名)《春秋》爲文王西周之政,不復歸之制作。所謂④"仲尼卒而微言絕,七十子没而大義乖"(語出《漢書·劉歆傳》載《移書讓太常博士書》,原作:"夫子没而微言絕,七十子終而大義乖。"《漢書·藝文志》與此略異)也。

---

①　六藝,家藏本作"六經"。
②　政,《論語》原作"道"。
③　見《論語·述而》:"子曰:'三人行,必得我師焉。擇其善者而從之,其不善者而改之。'……子曰:'蓋有不知而作之者,我無是也。多聞,擇其善者而從之;多見而識之,知之次也。'"
④　"所謂"前,家藏本加"即劉歆"三字。

三

素王之說，義本《商頌》。蓋謂少昊（又作"少皞"。古代傳說中的西方天帝）①。《殷本紀》伊尹説湯以素王之道（見《史記·殷本紀》："伊尹處士，湯使人聘迎之，五反然後肯往從湯，言素王及九主之事。"），"王"當讀爲"皇"。商法少昊，陳素皇之道，《詩》所謂"皇矣上帝"（《詩·大雅·皇矣》）"上帝是皇"（《詩·周頌·執競》）。伊尹陳素統，商法之爲王。此一義也。明文始於《莊子》，云在下則爲玄聖素王（見《莊子·天道》："以此處上，帝王天子之德也；以此處下，玄聖素王之道也。"），所謂空王也。

《孟》《荀》皆以孔子與堯、舜、禹、湯、文、武、周公並言。漢人固持此説，即宋程朱亦主此義。或據"非天子，不議禮，不制度"，孔子自云"從周"，不應以匹夫改時制。然使實爲天子，則當見諸施行，今但空存其説於六經，即所謂"不敢作"②也。孔子惟託空言，故屢辨作、述。蓋天命孔子，不能不作，然有德無位，不能實見施行，則以所作者存空言於六經，託之帝

---

① "少昊"後，家藏本加"《論語》大昴星五老觀河洛"十字。此補充材料見於《論語緯》（如《論語比考》《論語讖》等），又稱五老"蓋爲五星之精"，"飛爲流星，上入昴"。昴，西方白虎七宿之第四宿。

② 見《禮記·中庸》："非天子，不議禮，不制度，不考文。今天下車同軌，書同文，行同倫。雖有其位，苟無其德，不敢作禮樂焉；雖有其德，苟無其位，亦不敢作禮樂焉。"

王,爲復古反本之説。與局外言,則以爲反古;與弟子商榷,特留制作之意。總之,孔子實作也①,不可徑言作,故託於述。所云"述而不作"(《論語·述而》),自辨於作也;"不知而作,無是"(《論語·述而》),"天下有道,則庶人不議"(《論語·季氏》),自任乎作也。意有隱顯,故言不一端,且實不作,又何須以述自明乎?

四

余立意表章微言,一時師友以爲駭俗,不如專詳大義。因之謂董、何(指西漢經學家董仲舒、何休)爲罪人,子、緯爲詭説,并斥漢師通爲俗儒。然使其言全出於漢師,可駁也。

今世所謂精純者,莫如四子書(指《論語》《大學》《中庸》《孟子》四部儒家經典。此四書是孔子、曾子、子思、孟子的言行録,故合稱四子書)。按《論語》,孔子自言改作者甚詳,如告顏子(即顏回,字子淵,又稱顏淵,孔子弟子)用四代(見《論語·衛靈公》:"顏淵問爲邦。子曰:'行夏之時,乘殷之輅,服周之冕,樂則《韶》舞。'"何晏注:"《韶》,舜樂也。"),與子張(即顓孫師,字子張,孔子弟子)論百世(見《論語·爲政》:"子張問:'十世可知也?'子曰:'殷因於夏禮,所損益,可知也;周因於殷禮,所損益,可知也。其或繼周者,雖百世可知也。'"),自負"斯文在兹"(語出《論語·子罕》:

---

① 實作也,家藏本旁批曰"即頤卦"。

“子畏於匡,曰:‘文王既没,文不在兹乎? 天之將喪斯文也,後死者不得與於斯文也;天之未喪斯文也,匡人其如予何?’”)“庶人不議”,是微言之義實嘗以告門人,不欲自掩其迹。孟子相去已遠,獨傳“知我罪我”之言(見《孟子·滕文公下》:“孔子懼,作《春秋》。《春秋》,天子之事也。是故孔子曰:‘知我者其惟《春秋》乎! 罪我者其惟《春秋》乎!’”)、“其義竊取”之説(見《孟子·離婁下》:“其事則齊桓、晉文,其文則史。孔子曰:‘其義則丘竊取之矣。’”)。蓋“天生”之語(見《論語·述而》:“子曰:‘天生德於予,桓魋其如予何!’”),既不可以告塗人(路人,普通人),故須託於先王,以取徵信。而精微之言一絶,則授受無宗旨,異端蠭起,無所折衷。如東漢以來,以六經歸之周史,其説孤行千餘年。

今之人才學術,其去孔子之意奚啻霄壤? 不惟無儒學,並且乏通才。明效大驗,亦可覩(同“睹”)矣。如當掩蓋,則孔子與諸賢不傳此義,後賢何從而窺? 奚必再三申明,見於經記? 若先入爲主,則“道不同,不相爲謀”(《論語·衛靈公》),各尊所聞,各行所知,不辨難駁擊,以立門户,亦不敢依阿(曲從迎合)取悦於世,使微言既申而再晦也。

五

宰我、子貢以孔子遠過堯舜,生民未有(見本篇第一則脚注)。先儒論其事實,皆以歸之六經。舊説以六經爲帝王陳迹,莊生所謂"芻狗"①,孔子删定而行之。竊以作者謂聖,述者謂賢,使皆舊文,則孔子之修六經,不過如今之評文選詩,縱其選擇精審,亦不謂選者遠過於作者。夫述舊文,習典禮,兩漢賢士大夫與夫史官類優爲之,可覆案(查究)也,何以天下萬世獨宗孔子? 則所謂立來綏和②、過化存神(語出《孟子‧盡心上》:"夫君子所過者化,所存者神,上下與天地同流,豈曰小補之哉?")之迹,全無所見,安得謂生民未有耶?

說者不能不進一解,以爲孔子繼二帝三王(二帝,指堯舜;三王,指夏、商、周三代之君)之統,斟酌損益,以爲一王之法,達則獻之王者,窮則傳之後世。纘(zuǎn,繼承)修六經,實是參用四代,有損益於其間,非但鈔襲舊文而已。執是説也,是即答顔子兼采四代,《中庸》之"祖述""憲章"(見《禮記‧中庸》:"仲尼祖述堯舜,憲章文武。"),《孟子》之"有王者起,必來取法"(《孟子‧滕文公上》)也。然先師改制之説,正謂是矣。

如謂孔子尊王從周,則必實得文武之會典、周公之則例,

①　芻狗,古代祭祀時用草扎成的狗,用完即棄。典出《老子》第五章:"天地不仁,以萬物爲芻狗;聖人不仁,以百姓爲芻狗。"《莊子‧天運》:"師金曰:'……今而夫子,亦取先王已陳芻狗,聚弟子遊居寢臥其下。'……老子曰:'夫六經,先王之陳迹也,豈其所以迹哉! 今子之所言,猶迹也。夫迹,履之所出,而迹豈履哉!'"

②　立來綏和,蓋出自《論語‧子張》:"夫子之得邦家者,所謂立之斯立,道之斯行,綏之斯來,動之斯和。"本篇第十九則又簡稱作"立、行、和、來"。孔安國注:"綏,安也。言孔子爲政,其立教則無不立,導之則莫不興行,安之則遠者來至,動之則莫不和睦。"

謹守而奉行之。凡唐（堯有天下之號）、虞（舜有天下之號）、夏、殷先代之事，既隻字不敢闌入（攙雜進去），即成（即周成王，周武王之子）、康（即周康王，周成王之子）以下明君賢相變通補救之成案，亦一概刪棄，如是乃可謂之尊王，謂之不改。今既明明參用四代，祖述堯舜，集群聖之大成，垂萬世之定制，而猶僅以守府（保守先王的府藏，引申爲保持前代的成法）録舊目之，豈有合乎？夫既曰四代，則不能株守周家；既曰損益、折衷，則非僅繕寫成案，亦明矣。

蓋改制苟鋪張其事，以爲必如殷之改夏、周之改殷、秦漢之改周，革鼎（指破舊立新。典出《易•雜》："革，去故也；鼎，取新也。"）建物，詔勅施行，徵之實事，非帝王不能行。若託之空言，本著述之常。春秋時禮壞樂崩，未臻美富，孔子道不能行，乃思垂教，取帝王之成法，斟酌一是；其有時勢不合者，間爲損益於其間，著之六藝，託之空言，即明告天下，萬世亦不得加以不臣悖逆之罪也。

祖宗之成法，後世有變通之條；君父之言行，臣子有諫諍之義。豈陳利弊，便爲無狀（無善狀）之人？論闕失者，悉有腹誹之罪？且孔子時値衰微，所論述者，雜有前代。乃賈生（指西漢政論家、文學家賈誼）、董子，値漢初興，指斥先帝所施，涕泣慷慨，而請改建，後世不以爲非，反從而賢之。且以今事論之，凡言官之封事（古代臣下奏事，以皂囊封緘，防止洩露，稱爲封事）、私家之論述，拾遺補闕，思竭愚忱，推類至盡，其與改制之説不能異也。此説之所以遭詬病者,徒以帝王見諸實事,孔子託諸空言。今欲推求孔子禮樂政德之實迹,不得不以空言爲實事。

孔子統集群聖之成,以定六藝之制,則六藝自爲一人之制,而與帝王相殊。故弟子據此以爲"賢於堯舜者遠",實見六藝美善,非古所有。以六經爲一王之大典,則不能不有素王之説。以孔子爲聖爲王,此因事推衍,亦實理如此。故南宫适(kuò。字子容,又稱南容,孔子弟子)以禹、稷(后稷,名棄,周之始祖)相比,①"子路(即仲由,字子路,又稱季路,孔子弟子)使門人爲臣"(《論語·子罕》),孟子屢以孔子與堯、舜、禹、湯、文、武、周公並論,直以《春秋》爲天子之事,引"知我""罪我"之言,則及門(指受業弟子。典出《論語·先進》:"子曰:'從我於陳蔡者,皆不及門也。'")當時實有此説,無怪漢唐諸儒之推波助瀾矣。然後説雖表見(同"現")不虚,非好學深思者,不能心知其意。② 若改制,則事理平常。今不信古説,而專言著述有損益,亦無不可;至制作之説,亦欲駁之,則先入爲主,過於拘墟(又作"拘虚"。比喻孤處一隅,見聞狹隘。典出《莊子·秋水》:"井鼃不可以語於海者,拘於虚也。")矣。

---

① 見《論語·憲問》:"南宫适問於孔子曰:'羿善射,奡盪舟,俱不得其死然。禹、稷躬稼而有天下。'夫子不答。南宫适出,子曰:'君子哉若人! 尚德哉若人!'"

② 見《史記·五帝本紀》:"予觀《春秋》《國語》,其發明《五帝德》《帝繫姓》章矣,顧弟子弗深考,其所表見皆不虚。《書》缺有間矣,其軼乃時時見於他説。非好學深思,心知其意,固難爲淺見寡聞道也。"

六

《詩》者,《春秋》之大成;《春秋》者,《詩》之嚆 hāo 矢(響箭,比喻事物的開端、先聲。典出《莊子·在宥》:"焉知曾、史之不爲桀、跖嚆矢也。")。孔子六經,微意具同,《詩》爲天,《書》爲人,《春秋》王伯,《禮》附《書》,《樂》附《詩》,皆取舊文而潤色之,非僅删定而已。故《尚書》所言堯、舜、夏、殷,禮制全與《春秋》相同,《今尚書》、三家《詩》諸書可證也。

又《書》有四代之文,俗以爲有沿革,乃《大傳》(指《尚書大傳》,舊題伏生撰,鄭玄注)無異同,有大、小(指大統、小統)之分,無沿革之異。唐虞禮制,下與《春秋》相符,正孔子述作六藝之大例,所謂"其文則史,其義則某竊取之矣"。《古書》(《古文尚書》)《毛詩》出於東漢,本誤讀《周禮》,以大統説小康,致與經文相舛(chuǎn,違背),故賈、馬(指東漢經學家賈逵、馬融)遠不能如伏、董(指西漢經學家伏生、董仲舒)之詳備符合。一真一僞,各不相同也。然《禹貢》(《尚書》篇名)"迄於四海",而"周公篇"①與《洪範》(《尚書》篇名)則爲大統之先聲,所云"皇帝""上帝""多方""多士""小大""邦喪"云云者,已爲《詩》大統開先路。但

---

① 廖平以"二帝、三王、周公、四岳爲綱",將《今文尚書》二十八篇重新分爲四類,其中突出反映周公事迹、體現其"思兼三王,以施四事"的部分,合稱"周公篇"。説見廖平《群經凡例·今文尚書要義凡例》。

中外之分甚嚴,此爲周公明堂(古代君王宣明政教之所。以其向明而治,故稱明堂)朝諸侯之事,非皇帝大九州①大同之治也。

七

經學四教(語出《禮記·王制》:"樂正崇四術,立四教,順先王《詩》《書》《禮》《樂》以造士。春秋教以《禮》《樂》,冬夏教以《詩》《書》。"),以《詩》爲宗。孔子先作《詩》,故《詩》統群經。孔子教人亦重《詩》。《詩》者,志也。即"志在《春秋》"(《禮記·中庸》鄭玄注引《孝經緯》)之"志"。獲麟以前,意原在《詩》,足包《春秋》《書》《禮》《樂》,故欲治經,必從《詩》始。

緯云:"志在《春秋》,行在《孝經》。"(《禮記·中庸》鄭玄注引《孝經緯》)行事中庸,志意神化,《春秋》與《詩》對,本行事也。其又云"志"者,則以對《孝經》言之。實則《詩》與《春秋》虛實不同。《詩》乃志之本,蓋《春秋》名分之書,不能任意軒輊(zhì。車輿前高後低稱軒,前低後高稱輊。軒輊引申爲高低、輕重、優劣,此指褒貶抑揚。典出《詩·小雅·六月》:"戎車既安,如輊如軒。");《詩》則言無方物,可以便文起義。《尚書》《春秋》如今人之文,《詩》《易》如今人

---

① 大九州,又稱皇九州,是指戰國齊人鄒衍提出的一種地理學說。據《史記·孟子荀卿列傳》載,騶衍(即鄒衍)以九州中國爲赤縣神州,"中國外如赤縣神州者九,乃所謂九州"。"於是有裨海環之","如一區中者,乃爲一州。如此者九,乃有大瀛海環其外,天地之際焉"。此種九州中國之八十一倍區域,稱爲大九州。廖平以此推繹爲大統皇帝學說。

之詩。體例不同，宗旨自別。

《公羊》"主人（指見經之人，爲當時的諸侯、大夫）習其讀（dòu。古人讀經，斷其章句曰讀。此處指經文章句），而不知其罪"（《公羊傳》定公元年原作："定、哀多微辭，主人習其讀而問其傳，則未知己之有罪焉爾。"），此本《詩》説，即後世所謂"言者無罪，聞者足戒"（語出《毛詩序》，原作："言之者無罪，聞之者足以戒。"）。故凡緯説、子書非常可駭之論，皆《易》《詩》專説。故欲明《詩》《易》，須先立此旨。

緯云孔子受命爲黑統（詳《春秋演孔圖》《孝經鈎命决》等緯書），即玄鳥、玄王；《莊子》所謂玄聖素王之説，從《商頌》而寓之（廖平認爲孔子爲殷人尚白，義本《商頌》，三《頌》以《商》殿《周》《魯》後，寓素王之義）。《文王》篇（《詩·大雅》篇名）"本支百世"，即王魯①；"商之孫子"，即素王。故屢言受命、天命，此素王根本也。

孟子以周公、仲尼繼帝王之後，荀子以周公、仲尼爲大儒，此從《魯》《殷》二《頌》而出者也。三統之説，②本於三《頌》，凡一切舊説，皆當以此統之。董子王魯制，寓於《魯頌》。周

---

① 王 wàng 魯，公羊學"通三統"説的重要觀點之一。其説本出董仲舒，何休頗言之，認爲《春秋》託王於魯。廖平則認爲，王魯是指周公攝政，實嘗爲王，故魯爲王魯後；《春秋》不主王魯，"三《頌》以《魯》居中，即寓王魯之意"（氏著《公羊春秋經傳驗推補證》）。

② 三統説，西漢董仲舒等公羊家提出的一種學説，指夏、商、周三代的正朔統緒。夏正建寅爲黑統，商正建丑爲白統，周正建子爲赤統。繼周之後的朝代又用夏正，如此循環不已。廖平對三統説作了改造和發揮，融入大統、進化等思想。如認爲三統本於三《頌》，並有小、大之分：小三統之夏、商、周三王，係以往小康之法；大三統之夏、商、周，分別爲《魯》《商》《周》三頌，爲天、地、人三皇，爲青統（東）、素統（西）、黄統（中），係未來大同之法。

公及"世及"（世代相繼）之"及"。武王制禮作樂，①故以王寓之。以其說解《詩》，則有徵信；董、何以說《春秋》，則不免附會矣。緯書新周，②不可說《春秋》，而《詩》以《魯》後《周》，即此意。《詩》明云"其命維新"（《詩·大雅·文王》），是經意直以《周頌》爲繼周之新周，非果述姬周也。

先儒改周之文，從殷之質，亦從此出。"魯商"二字即"文質"，"文質"即"中外""華洋"之替字。中國古無質家，所謂質，皆指海外。一文一質，謂中外互相取法，爲今之天下言之，非古所有。

絀杞③之例，亦本於《詩》，《春秋》杞不稱公（見《春秋》莊公二十七年："杞伯來朝。"何休注："杞，夏後。不稱公者，《春秋》黜杞新周而故宋，以《春秋》當新王。"），三《頌》絀杞不言，是其本意。

今凡周亡、孔子王，一切駭人聽聞之説，皆以歸附於

---

① 見《禮記·明堂位》："武王崩，成王幼弱，周公踐天子之位，以治天下。六年，朝諸侯於明堂，制禮作樂，頒度量而天下大服。"《尚書大傳》卷三："周公攝政，一年救亂，二年克殷，三年踐奄，四年建侯衞，五年營成周，六年制禮作樂，七年致政成王。"

② 新周，公羊學"通三統"說的重要觀點之一。公羊學認爲，《春秋》繼周興起爲王，必存二王之後，周爲新近被黜之周，即新周。《文選·潘安〈笙賦〉》注引《樂緯·動聲儀》曰："先魯後殷，新周故宋。"廖平謂"此本三《頌》之古說"，新周義本《周頌》，新周爲繼周之皇統，主文、武王（即文質彬彬），爲後世言。

③ 絀杞，公羊學"通三統"說的重要觀點之一。公羊學認爲，通三統必存二王之後，而王者尊賢不過二代，故作爲夏後之杞當被黜，退出二王後之列。廖平又認爲，"禹不列《頌》"，"三《頌》不言杞"，即絀杞之意。絀，通"黜"，貶退。

《詩》。治經者知此意，然後以讀別經，則迎刃而解。他經不復言此，而意已明，方可以收言語、政事、文章之效。

《詩》爲志，則《書》爲行；《春秋》爲志，則《孝經》爲行。實則《春秋》與《書》同爲行，《春秋》《尚書》皆分《詩》之一體。《周》《召》（《詩·國風》之《周南》《召南》）伯道，分爲《春秋》；《王》《鄭》《齊》（《詩·國風》之《王風》《鄭風》《齊風》）王道，分爲《尚書》。特以較《孝經》，則《春秋》爲志，而《孝經》爲行耳。今本此義，作爲義疏，不拘三家之舊，以孔子之微言爲主。使學者讀《詩》，明本志，而後孟子"以意逆志"（《孟子·告子上》）之效明。孔子重《詩》之教，顯以此爲經學之總歸、六經之管轄，與《論語》同也。

八

《孟子》："王者之迹熄而《詩》亾，《詩》亾"亾"當爲"乍"（即"乍"）。"乍"，古"作"字，與"亾"字形似而誤。然後《春秋》作。"（《孟子·離婁下》）《孟子》此意，即"天下有道，則庶人不議"、《説苑》①"周道不亡，《春秋》不作"（《説苑·君道》）之意。《孟子》言《詩》以志爲説，又引《詩》與《春秋》以證王迹，明《詩》與

---

① 《説苑》，西漢劉向所撰雜著，凡二十卷。其書分爲二十門，"皆錄遺聞佚事足爲法戒之資者"，雜以議論，大都以儒家思想爲指歸，以闡明國家興亡、政治成敗之理。

《春秋》同也。

歷叙帝王,皆言周公、孔子:周公即王魯,義本《魯頌》;孔子即素王,義本《商頌》。周公實嘗王,故緯説有素王而無王魯。周公及武王,成公讓志以爲攝政,故言《魯頌》。不如此,則"《詩》亡①"之義不顯。

九

《詩》言皇、帝、八王、八監(《知聖續篇》第五十一則謂"監爲天子内臣","内外共二十四州","三州設一監",共八監)、十六牧(牧指州長官。《禮記·曲禮》:"九州之長入天子之國曰牧。")事,就大一統言之,此百世以下之制,爲全球法者也。《尚書》言四代(指虞、夏、商、周四代)之制,由一化四,此三統變通之意也。一豎一横,一内一外,皆治平(治國平天下。語本《禮記·大學》:"身修而後家齊,家齊而後國治,國治而後天下平。")之教。後以《詩》説百世,未能著明,分《周》《召》伯道,再作《春秋》以實之。

六經重規叠矩,以大包小。《禮》以治外,《樂》以養中,《易》詳六合(指天地四方。語出《莊子·齊物論》:"六合之外,聖人存而不論;六合之内,聖人論而不議。")以外,皆自治之事。此外王之學,亦缺一不可。六經之中,三内三外,三天三人,三實三虚,三知三

① 亡,據文意當作"凸"。

行(《春秋》《禮》《書》爲人學三經,爲内、實、行;《詩》《樂》《易》爲天學三經,爲外、虚、知),而歸本於《孝經》。六經統爲素王萬世之大法也。①

十

六經皆經孔子筆削,有翻改舊文之處。或頗震驚其言,不知其説雖新,其理至爲平易。夫由堯舜以至成周(周公輔成王的興盛時代),初簡陋而後文明,代有沿革,見之載記,人心所同信者也;孔子修六藝以爲後世法,考三王,俟百世,見之載記,亦人心所同信者也。

然洪荒初開,禮制實爲簡陋,即茅茨、土階、大羹(不和五味的肉汁。大,同"太")、玄酒(當酒用的清水)等類。若於文備之世,傳以爲法,不惟宜俗(時宜風俗)不合,且啟人輕薄古昔之心。是《帝典》(廖平撰、黄鎔筆述《書尚書弘道編》:"舊名《堯典》,致僞序别造《舜典》篇名,枚氏遂分《典》爲二篇。今從《大學》稱《帝典》。")不能實録其事,亦一定之勢也。夫禮家議禮,易滋聚訟,既折衷於聖人,後世猶多齟齬。今使《尚書》實録四代之文,事多沿革,每當廷議,各持一端,則一國三公,何所適從?孔子不能不定一尊以示遵守,亦情勢之所必然也。既文質之迥殊,又沿革之互異,

---

① 六經統爲素王萬世之大法也,家藏本改爲"頤卦六爻配六經,以言大統,爲教萬世之大法也"。

必欲斟酌美善，垂範後王，沈（同"沉"）思默會，代爲孔子籌畫，則其筆削之故，有不待辨而自明者矣。

十一

王符①云："聖人天之口，賢者聖之譯。"（語出王符《潛夫論·考績》。意謂聖人代天説話，賢者爲聖人傳譯旨意。）聖人作，賢者述；聖所不備，賢者補之：交相爲用者也。

春秋時，三皇五帝②之典策尚多可考③，其言多神怪不經，與經相歧，實事實也。孔子翻經，增減制度，變易事實，掩其不善而著其善。但制度不合者人難知，行事不合者人易知。故《孟子》所載時人之論古事，孟子皆據經爲説辭而闢（駁斥）之，實則時人所言所載事實也，孟子所言經教也。使孔子作於前，後無繼之者，④則六藝何能孤行於後世？故必有賢者出，依經立義，取古人行事，皆緣附六藝，無改作之嫌，並使後人不至援

———————

① 王符（約85—162），字節信，東漢安定臨涇（今甘肅鎮原）人。終身不仕，隱居著書，評論時政，語多警切。以不欲彰顯其名，故題其著作名爲《潛夫論》。

② 三皇五帝，具體所指，諸説不一。根據廖平及其弟子黃鎔的説法，三皇指天皇、地皇、人皇，又爲子、丑、寅三正。五帝分爲五天帝（或大五帝）和五人帝（或小五帝）。五天帝爲東方青帝、南方赤帝、中央黄帝、西方白帝、北方黑帝，五人帝爲高陽（即顓頊）、高辛（即帝嚳）、堯、舜、禹。

③ 典策尚多可考，家藏本作"典册實爲孔作"。

④ 後無繼之者，家藏本作"後無賢述之"。

古事以攻駁六藝,此賢者所以爲聖譯。

如《國語》之傳《春秋》,傳事實之意輕,附禮制之意重,凡一細事皆鋪寫古事古禮。經說之文,連篇累牘,當日事實,萬不如此瑣碎。此傳者託事以見禮文經義,亦如孔子假時事以取義也。其於孔子事迹,皆緣六經以說之,合者錄之,不合者掩之。古與今合,方免後人據時事以攻六藝,此作者之苦心也。惟其書一意比附,遂足以掩蔽微言。

如六藝皆孔子所作,而《左氏》則以爲孔前已有。如季札(又稱公子札、延陵季子、延州來季子。春秋時吳王壽夢之季子,以賢明博學著稱)事,將《詩》《樂》師說(指先師之舊說)衍說一篇(詳《左傳》襄公二十九年),而後人遂以此爲未删之本。

《易》爻辭(《易經》中每卦下詮解各爻象的文辭)爲孔子作,其書所言筮辭,皆就《易》師說衍之,讀者遂以爲此真《周易》,在孔子之先。雖有比附六藝之大功,不無少(稍)掩微言之小失。

然此不善讀者之流弊,若以微言讀之,乃轉見其發明處不少;心無其義,故書中不見之。賢者於經,如疏家之於注,不敢破之也。或云自孔子後,諸賢各思改制立教,最爲謬妄!制度之事,惟孔子一人可言之,非諸賢所得言也。

十二

緯云:孔子因道不行,作《春秋》,明王制(見《春秋緯》)。專就《春秋》立説。《孟子》云：“《春秋》，天子之事。”（《孟子·滕文公下》）先師言制作，多就《春秋》言之。《史記》：删《詩》正《樂》在前，因獲麟作《春秋》（見《史記·孔子世家》）。考其説，似《詩》《書》《禮》《樂》爲一書，因獲麟乃變前志而修《春秋》。前後若出兩歧，然實則非也。

孔子知命在周游之前，於畏匡（畏，拘囚。匡，邑名，疑在今河南長垣西南）引文王（見《論語·子罕》：“子畏於匡，曰：‘文王既没，文不在兹乎？天之將喪斯文也，後死者不得與於斯文也；天之未喪斯文也，匡人其如予何？’”），於桓魋（tuí。春秋時宋國司馬。孔子過宋時，“桓魋惡之，欲殺孔子，孔子微服去”）言天生（見《論語·述而》：“子曰：‘天生德於予，桓魋其如予何！’”），實是受命。故自衛反魯，作《詩》言志，以殷末寓素王之義，明三統之法（見本篇第七則脚注）。特後來以《詩》之空言，未能明切，恐後人失其意，故再作《春秋》，實以行事。《孟子》引《詩》與《春秋》明王迹，《史記》引“空言不如行事”，皆此義也。

十三

制作知命，當從五十①爲斷，非因獲麟乃起。《詩》《易》詳天事，言無方物，所謂空言。《春秋》《尚書》乃將天言衍爲

---

① 五十，家藏本作“生知”。

人事,空言在後,行事在前,事有早遲,其義一也。諸經惟《春秋》晚成,絕筆獲麟,師說因以明著。實則諸經皆同,特《春秋》說獨顯耳。"《春秋》,天子之事",諸經亦然。一人一心之作,不可判而爲二。

　　《春秋》未修之先,有魯之《春秋》;《書》《詩》《禮》《樂》未修之先,亦有帝王之《書》《詩》《禮》《樂》。修《春秋》,筆削全由孔子;修《詩》《書》《禮》《樂》,筆削亦全由孔子。

　　《春秋》據舊史言,則曰"修";從取義言之,則曰"作"。"修"即所謂"述"。當日翻定六藝,是爲聖作,人亦稱孔子爲作。其云"述而不作",言"不作"即作也,言"述"即非述也,與"其文則史,其義則竊取"同意。而作、述之事,即兼指六經,不獨說《春秋》。載記總言孔子事,則云翻定六經,制作六藝。其並稱之文,則多以"作""修"加《春秋》,於《詩》《書》《禮》《樂》,言"刪""正"。文變而義同,無所分別。因"作""修"多屬《春秋》,故同稱則六經皆得云"作""修",而並舉則惟《春秋》所獨,此爲異名同實。

　　後來不識此意,望文生訓,於《春秋》言"作""修",得之;於刪《詩》《書》、正《禮》《樂》,"刪"則以爲如今刪定文籍,"正"則以爲如今鑒正舊本,遂與"作""修"大異。亦如說殺、殛 ǐ 爲死刑（見《書·舜典》僞孔傳："殛鯀放流,皆誅也。"）,與投四凶、化四裔①之義迥乎不同。不知此義一失，大乖聖人本意，爲經學治術之妨害。

判《春秋》與諸經爲二，離之兩傷，一也；以諸經爲舊文，非孔子之書，遂卑賤乎《春秋》，二也；諸經失其宗旨，不能自通，三也；離割形氣，無貫通之妙，四也；獨尊《春秋》，使聖教失宏博之旨，五也。今力闢舊説之誤，獨申玄解，務使六經同貫，然後經學宏通，聖教尊隆。

十四

孔子翻經以後，真正周制，實無可考。② 後世傳習，皆孔子之言③。或疑古書不盡亡④，今試爲明之：

《春秋》諸稱號，出孔子筆削，不必實爵，此定説也。乃經所稱之侯、伯、子、男，非諸國本爵，考之故書、子、緯，所言諸國爵亦與《春秋》同。《史記》據《譜牒》(即《春秋曆譜牒》，記載古代譜

---

① 四凶，相傳堯舜時四個凶惡的部族首領。四裔，四方邊遠之地。見《書·舜典》：“流共工于幽州，放驩兜于崇山，竄三苗于三危，殛鯀于羽山，四罪而天下咸服。”僞孔傳：“幽州，北裔。崇山，南裔。三危，西裔。羽山，東裔。”又《左傳》文公十八年：“舜臣堯，賓于四門，流四凶族：渾敦、窮奇、檮杌、饕餮，投諸四裔，以禦螭魅。”或以爲渾敦即驩兜，窮奇即共工，檮杌即鯀，饕餮即三危。

② 實無可考，家藏本作“皆字母書”。

③ 之言，家藏本作“古文”。

④ 古書不盡亡，家藏本作“僞經正名”。

系名諡之書,已佚),因《春秋》,書蔡桓侯葬(見《春秋》桓公十七年秋八月:"癸巳,葬蔡桓侯。"《史記·管蔡世家》:"桓侯三年,魯弒其君隱公。二十年,桓侯卒,弟哀侯獻舞立。")。經一稱侯,《譜牒》遂以侯爲蔡定稱。

又時祭(指天子、諸侯春夏秋冬四時宗廟之祭)烝、嘗(冬祭曰烝,秋祭曰嘗)有明文,春夏無之。時祭異説,如《王制》(《禮記》篇名)《公》(《公羊傳》)《穀》(《穀梁傳》)《禮記》《左傳》《爾雅》《孝經》互異,春夏異而秋冬不異。豈非據《春秋》爲説,實無遺文可證乎?

如以喪服爲舊典,承用已久,同母異父之服,公叔木(春秋時衛大夫。《春秋》作"公叔戍")問子游(即言偃,字子游,孔子弟子),狄儀(春秋時人名。生平事迹不可考)問子夏(即卜商,字子夏,孔子弟子),子夏曰無聞乎。[①] 向左向右有明文,何至不守舊而冒昧是從乎?

《曾子問》(《禮記》篇名。清人孫希旦謂"此篇多記吉凶冠昏所遭之變")所言變禮,如有舊文,則自向檢閱可也;不然,告以尋討可也,何必剌剌(或作"刺刺"。多言貌。見韓愈《送殷員外序》:"丁寧顧婢子,語刺刺不能休。")徒勞唇舌乎? 魯行禮自有典册可稽,何行一禮,涉一疑,動向孔子門人請問乎?

曾子(即曾參,字子輿,孔子弟子)、子游同習乎禮,何以襲裼始

---

① 見《禮記·檀弓上》:"公叔木有同母異父之昆弟死,問於子游。子游曰:'其大功乎。'狄儀有同母異父之昆弟死,問於子夏。子夏曰:'我未之前聞也。魯人則爲之齊衰。'狄儀行齊衰。今之齊衰,狄儀之問也。"

譏而終服乎？①

典禮皆有明文，時祭自爲典禮，何以傳《孝經》者，僅就經文"春秋"立義，以爲二祭乎？（《孝經·喪親章》："春秋祭祀，以時思之。"廖平撰、范燮筆述《王制集説》釋曰："舉春秋以包冬夏，亦如魯史四時具而以《春秋》爲名。"）

喪葬有一定之則，何以孔子往觀季札葬？孔子葬，四方來觀乎？聖人之葬人，與人之葬聖人，豈聖人一禮，人又一禮乎？②

禮有成事，樂爲世掌，孺悲（春秋末魯人，孔子弟子）乃奉命而學（見《禮記·雜記下》："恤由之喪，哀公使孺悲之孔子學士喪禮，《士喪禮》於是乎書。"），太師反待孔子之語乎（見《論語·八佾》："子語魯大師樂，曰：'樂其可知也：始作，翕如也；從之，純如也，皦如也，繹如也，以成。'"）？

三年（指三年喪，古代喪制中最重的一種。臣爲君、子爲父、妻爲夫等要服喪三年。古制爲二十五個月，後世從鄭玄之説，定爲二十七個月）、親迎（古代婚禮"六禮"之一。夫婿親至女家迎新娘入室，行交拜合卺之禮。據《公

---

① 見《禮記·檀弓上》："曾子襲裘而弔，子游裼裘而弔。曾子指子游而示人曰：'夫夫也，爲習於禮者，如之何其裼裘而弔也？'主人既小斂，袒、括髮，子游趨而出，襲裘帶絰而入。曾子曰：'我過矣，我過矣，夫夫是也。'"古代禮制：掩上裼 xī 衣而不使羔裘見於外，謂之襲；袒外衣而露裼衣，且不盡覆其裘，謂之裼。盛禮以襲爲敬，非盛禮以裼爲敬。裼衣，指行禮時覆加在裘外之衣，又稱中衣。

② 見《禮記·檀弓上》："孔子之喪，有自燕來觀者，舍於子夏氏。子夏曰：'聖人之葬人，與人之葬聖人也，子何觀焉？昔者夫子言之曰："吾見封之若堂者矣，見若坊者矣，見若覆夏屋者矣，見若斧者矣，從若斧者焉。"馬鬣封之謂也。今一日而三斬板，而已封，尚行夫子之志乎哉？'"

羊》說,天子至庶人皆親迎),王朝舊典,子張、宰我以爲疑(詳《禮記·檀弓》《論語·憲問》《論語·陽貨》),哀公、子貢以爲問乎(詳《禮記·哀公問》《穀梁傳》桓公三年)?

　　禮樂出乎天子,知政知德,匹夫何有禮樂之可言乎? 從可知自夫子一出,而帝王之德皆變爲一人之事,而佚聞寡寡;後世所傳習,皆孔子之説,而舊典全無。今欲於禮制指其孰爲舊也,難矣!

十五

　　六經旨要,以制度爲大綱,而其辨等威(與一定身份、地位相應的威儀)、決嫌疑,尤爲緊要。蓋周制,君臣上下尊卑之分,甚爲疏略。大約與今西人相等。諸侯實郊天(郊外祭天),大夫實用八佾(佾 yì,舞列。八佾,古代天子用的一种樂舞。《公羊傳》《穀梁傳》皆謂天子八,諸公六,諸侯四)、反坫(坫 diàn,古代築在廊廟內兩柱間的土臺。反坫,返爵之坫。古代諸侯相會,宴飲禮畢,將空酒杯放回坫上)、三歸(具體所指,諸説不一。康有爲《論語注》謂管仲娶三姓之女,並築臺以迎之,稱爲三歸之臺)。孔子新制,細爲分別,故禮以定嫌疑、辨同異爲主。

　　《春秋》於大夫、諸侯尊卑儀注(禮法儀節),極爲區別。禮家、名家之學,全出於《春秋》。故孔子正名,子路猶以爲疑(見《論語·子路》:"子路曰:'衞君待子而爲政,子將奚先?'子曰:'必也正名乎!'子路曰:'有是哉,子之迂也! 奚其正?'"),非周公已有此制也。使周公已有之,則人所共明。《春秋》與《禮》(《禮經》,即《儀禮》),斤斤分別儀注,不已細乎！子學、名家大有益於治,原出《春秋》《禮經》可見也。

孔子既已創制,不得不以魯郊爲成王賜爲失禮(見《禮記·禮運》:"孔子曰:'於呼哀哉！我觀周道,幽厲傷之,吾舍魯何適矣！魯之郊禘,非禮也,周公其衰矣！'"),八佾、反坫爲僭。在當日,特爲應行之禮。蓋等威一明,上下分絶,故亂臣賊子懼,失爲亂之資。孔子曰:"惟名與器,不可假人。"(語出《左傳》成公二年,原作:"唯器與名,不可以假人。")以此。

十六

《詩》以《魯》(《魯頌》)爲文、《商》(《商頌》)爲質。文主中國,即六歌之《齊》;質主海外,即六歌之《商》。[1] 至新周合文質,乃爲極軌,所謂"文質彬彬"也(語出《論語·雍也》:"子曰:'質勝文則野,文勝質則史。文質彬彬,然後君子。'")。孔子因舊文而取新義,其意全見於《詩》。《詩》者,天經之始基也。

《中庸》"仲尼祖述堯舜,憲章文武",以匹夫繼帝王之統,即《論語·堯曰》章、《孟子》"由堯舜至於湯"章之所謂"聞

---

① 六歌,指《商》《齊》《頌》《大雅》《小雅》《風》,詳《禮記·樂記》"子貢問樂"節。又,廖平《地球新義·樂記禮運帝王論》云:"夫《禮》之所謂《商》者,即《詩·商頌》也;《齊》者,即《詩·齊風》也。……《商》大一統,而《齊》小一統。"

知""見知",以繼帝王者是也。其所云"祖述""憲章"者,謂
與帝王無出入,兼有其長,合爲定制。《中庸》之考而不謬(《中
庸》原作"考諸三王而不謬"),《論語》之兼用四代(見《論語·衛靈公》:
"顏淵問爲邦。子曰:'行夏之時,乘殷之輅,服周之冕,樂則《韶》舞。'"何晏
注:"《韶》,舜樂也。")是也。帝王之制由六經而定,謂爲孔子制
可,謂爲帝王制亦可。惟兼采四代以酌定一尊,垂法百世,以
爲永鑒。因不盡因,革不盡革,既不可分屬四朝,又不能歸併
一代,則不得不屬之孔子。

《春秋》因魯史加筆削,《詩》與《書》《禮》《樂》,亦本帝王
典禮而加筆削。合者留,不合者去,則《詩》《書》乃孔子之
《詩》《書》矣。《儀禮》《容經》①,則本周之典籍。夏殷簡略,
又文獻無徵,以周爲藍本,自然之勢。《論語》"郁郁""從
周",②就簡略言也;《中庸》"今用""從周"(見《中庸》:"子曰:'吾
說夏禮,杞不足徵也;吾學殷禮,有宋存焉;吾學周禮,今用之,吾從周。'"),就
無徵言也。由此而加因革,過者抑之,不及加隆,"百世可知"
(《論語·爲政》),謂此也。本周禮修爲《儀禮》《容經》,亦作亦述,
與《春秋》無異也。《樂》以《韶》(舜樂名。"舜繼堯之後,循行其道",故

---

① 《容經》,又稱《容禮》,古時專門記載儀容規範的典籍。據廖平《容經
凡例》,《容經》爲《儀禮》之緯,爲漢初徐生所傳,其主要内容存於賈誼《新書
·容經》中。

② 見《論語·八佾》:"子曰:'夏禮,吾能言之,杞不足徵也;殷禮,吾能
言之,宋不足徵也。文獻不足故也。足則吾能徵之矣。'……子曰:'周監於二
代,郁郁乎文哉! 吾從周。'"

有此稱）爲主，兼用三代，《雅》《頌》得所，正《樂》亦同於《禮》。

孔子見世卿（世襲爲卿大夫）之害，教學宜開，於是早定師儒選舉之計，預修四教（見本篇第七則首句箋注），既行於一時，並欲推萬世。四教中，《詩》雖言志，然與《書》爲一彙，《禮》《樂》爲一彙。《詩》以言志，《書》以述行，《禮》以治外，《樂》以養中。所言不能參異，一定之勢也。四教中以《詩》爲綱，以《書》與《禮》《樂》爲目。

然《詩》爲空言，尚未明著，然後乃作《春秋》，以實《詩》意，所謂"深切著明"①者也。孔子之意本在於《詩》，後來《春秋》說盛，遂全以《詩》說說《春秋》。言"志在《春秋》"（《禮記·中庸》鄭玄注引《孝經緯》），不言《詩》之志，實則《書》《春秋》皆統於《詩》，特一爲空言，一爲行事。《春秋》與《書》《禮》《樂》皆主新制，同爲孔子之書，非獨《春秋》爲然。

然《春秋》詳人事典制，舊文嚴於遵守，運用無方之道不與焉，故又作《易》以補之。《易》明變化消長，屬②天道，與《春秋》全反。一天道，一人事；一循守舊職，一運用無方；一常一變，一內一外。知《春秋》而不知《易》，則拘於成法，無應變之妙。蓋《易》專以通變、不倦爲宗旨（見《易·繫辭下傳》："神農

---

①　見董仲舒《春秋繁露·俞序》："孔子曰：'吾因其行事，而加乎王心焉，以爲見之空言，不如行事博深切明。'"《史記·太史公自序》："子曰：'我欲載之空言，不如見之於行事之深切著明也。'"
②　屬，原本模糊不清，適園本作"屬"，據補。

氏没，黄帝、堯、舜氏作，通其變，使民不倦，神而化之，使民宜之。《易》窮則變，變則通，通則久。"），故欲知《易》，必先學《春秋》。既學《春秋》，不可不知《易》。既能窮《易》之精微，則内外交修，於治術方無礙。盡人事以通天道，《易》所以總學之成，而不沾沾名物理數之形迹。二者相反相成，《易》不立教，以其與《春秋》同也。六經之道以《春秋》爲初功，以《易》爲歸宿。治經者當先治《春秋》，盡明微言，以四經實之，然後歸本於《易》。此孔子作六藝之宗旨也。

十七

孔子"五十知天命"（《論語·爲政》），實有受命之瑞，故動引天爲説。使非實有徵據，則不能如此。受命之説，惟孔子一人得言之。以下如顔、曽、孟、荀皆不敢以此自託。以九流（先秦九家學術流派，即儒、道、陰陽、法、名、墨、縱横、雜、農共九家。詳《漢書·藝文志》）派分，四科①一體，原同末異，皆祖孔子。其説甚明。故自魯正《樂》删《詩》（見《論語·子罕》："子曰：'吾自衛反魯，然後《樂》正，《雅》《頌》各得其所。'"），非待獲麟乃然。群經微言皆寓於《詩》，《春秋》已不能全具，特孔子絶筆獲麟，後師以《春秋》爲重，遂以微言附

---

① 四科，指孔門四種科目，即德行、言語、政事、文學。典出《論語·先進》："德行：顔淵、閔子騫、冉伯牛、仲弓。言語：宰我、子貢。政事：冉有、季路。文學：子游、子夏。"

會《春秋》，而《詩》反失其説。

世卿三代所同，欲變世卿，故開選舉；欲開選舉，故立學造士。使非選舉，則亦不立學矣。作《詩》本爲新制，子貢、宰我以孔子賢於堯舜。緣文明之制，由漸而開，自堯舜至於文武，代有聖人爲之經營，至周大備。天既屢生聖人，爲天子以成此局，不能長襲其事，故篤生一匹夫聖人，受命制作，繼往開來，以終其局。而後繼體守文，皆得有所遵守。又開教造士以爲之輔，故百世可以推行。

或以秦漢不用《春秋》之制，不知選舉、學校、禮樂、兵刑，無一不本經制。雖井田、封建，禮制儀文，代有改變，然或異名同實，或變通救弊，所有長治久安者，實陰受孔子之惠。且循古今治亂之局，凡合之則安，反之則危。

孔廟用天子禮樂，歷代王者北面而拜，較古帝陵廟有加。若非天命，豈人力哉！又豈但鈔録舊文，便致此神聖之績哉！

十八

郡縣一事，秦以後變易經説者也，似乎經學在可遵不必遵之間。不知秦改郡縣，正合經義，爲大一統之先聲。禮制：王畿不封建，惟八州乃封諸侯。中國於大統爲王畿，故其地不封諸侯。如王畿，諸侯不封而食禄，藩鎮部道，又立五長（廖平認爲指公、侯、伯、子、男，或二伯、方伯、卒正、連帥、屬長，凡五等）之意。漢制

諸侯封國大，易亂之道也。秦之郡縣，漢之衆建諸侯，正師用
《王制》。《王制》諸侯世（世襲），郡縣不世。雖似相異，然此正
用不世卿而推廣者也。

又如井田，議者動謂不能行，不知《孟子》明云大略，潤澤
則在臨時。① 田多則夫百畝，田少則相時酌減可也。平地則
畫井，山地則但計畝相授可也。書文簡略，推行別有細章，豈
可株泥舊文？今法有甚富甚貧之病，而《王制》無之，按：井田乃
百世下大統之法，於古實無徵。今泰西（猶極西，泛指西方國家）素有齊貧富之
議，將來必出於此。此乃殷法，非孔子特改。當時用井田，孔子萬
不能改阡陌（田間小道。應劭《風俗通》：“南北曰阡，東西曰陌。河東以東
西爲阡，南北爲陌。”）；今既用阡陌，亦不便強復井田也。此事變
之故，不足爲井田病。夫治經貴師其意，遺迹則在所輕。除井
田、封建外，亦不能拘守舊文而行。必欲行井田，則亦有變通
之法在。若王莽、張橫渠（即北宋哲學家張載，鳳翔郿縣〔今陝西眉縣〕
橫渠鎮人，世稱橫渠先生），得其迹而遺其意者也。②

---

① 見《孟子·滕文公上》：“方里而井，井九百畝，其中爲公田。八家皆
私百畝，同養公田。公事畢，然後敢治私事，所以別野人也。此其大略也。若
夫潤澤之，則在君與子矣。”朱熹集注：“潤澤，謂因時制宜，使合於人情，宜於
土俗，而不失乎先王之意也。”
② 王莽改制期間，曾詔令恢復井田制，更名天下田爲“王田”，規定不准
買賣，並實行均田、限田。由於遭到“自諸卿大夫至於庶民”的反對，以及缺乏
具體的實施方案，王田制最後被迫取消。張載在《經學理窟·周禮》中亦提出
井田、均田的主張，但其前提是維護大地主的既得利益，這當然是不切實際的
幻想。

十九

六經，孔子一人之書；學校，素王特立之政。所謂道冠百王、師表萬世也。劉歆①以前，皆主此説，故《移書》（即劉歆《移書讓太常博士》，或稱《移太常博士書》，載《漢書·劉歆傳》）以六經皆出於孔子。後來欲攻博士，故牽涉周公以敵孔子，遂以《禮》《樂》歸之周公，《詩》《書》歸之帝王，《春秋》因於史文，《移書》云："制作《春秋》，以記帝王之道。"《易傳》僅注前聖。以一人之作，分隸帝王、周公，如此是六藝不過如選文、選詩。或並删正（指删《詩》正《樂》）之説，亦欲駁之，則孔子碌碌無所建樹矣。

蓋師説浸（漸）亡，學者以己律人，亦欲將孔子説成一教授老儒，不過選本多、門徒衆；語其事業功效，則虛無惝恍（惝，chǎng 或 tǎng。惝恍，恍惚），全無實迹。豈知素王事業②，與帝王相同，位號與天子相埒（liè，等同）。《易》與《春秋》，則如二公③

---

① 劉歆（約前53—23），字子駿，後改名秀，字穎叔。沛（今江蘇沛縣）人。古文經學開創者。曾任黄門郎、中壘校尉。繼父業領校秘書，編有《七略》。精通律曆，著有《三統曆譜》等。明代張溥輯有《劉子駿集》。

② 素王事業，家藏本改爲"六書亦孔子翻經所作"。

③ 二公，即二伯，古時天子主管東西方諸侯的兩位重臣。《禮記·曲禮下》謂伯於封國外稱公。又《孔叢子·居衞》："古之帝王，中分天下，使二公治之，謂之二伯。"《禮記·王制》："八伯各以其屬屬於天子之老二人，分天下以爲左右，曰二伯。"

也；《詩》《書》《禮》《樂》，①則如四輔（又稱四鄰。古時天子身邊的四個輔佐官員。《書·洛誥》有"四輔"之稱。《尚書大傳》釋四輔爲前疑、後承、左輔、右弼）條例也。欲爲之事，全見六藝。學校之開，當時實能改變風氣。學之者多，用其弟子者亦多，所謂立、行、和、來②是也。孔子初立四教，效已大顯，故欲推而行之。

凡六藝、學校，古無其事，《國語》《左傳》言以前有之者，皆賢者依經義之説，分仲尼之功，屬之帝王以前，託詞非實事也。蓋自春秋以後，學術治法，全宗素王。天心欲變其局，孔子應運而生。漢宋諸大儒，皆同此義，實理所在、人心相同者也。

二十

古聖皆有神怪實迹，聖與天通，人與鬼謀，故能成平定之功，大禹是也。《山海經》神怪確爲③實事，故《左傳》云：多著

---

① "《詩》《書》《禮》《樂》"下，家藏本加"《莊子》以鄒魯之士能言之"十字。

② 立、行、和、來，出《論語·子張》："夫子之得邦家者，所謂立之斯立，道之斯行，綏之斯來，動之斯和。"孔安國注："綏，安也。言孔子爲政，其立教則無不立，道之則莫不興行，安之則遠者來至，動之則莫不和睦。"

③ 確爲，家藏本作"天學"。

神、姦,鑄鼎作象。① 至孔子時,先聖開創之功已畢,但用文教,已可長治久安,故力絶神怪(見《論語·述而》:"子不語怪、力、亂、神。"),以端人心而正治法。"子不語",則以前皆語可知;云"不語",則實有神怪可知。

《禹貢》者,孔子本禹事,以己意潤澤者也。禹不必立九州,當時亦無貢筐織縞一切名物。又五服②、四岳③,與《王制》切合,儼然《王制》傳注,此孔子修《書》,亦如作《春秋》,據史文而筆削之實事也。

古聖神怪之事,全經孔子所削,故云"不語"。不得因孔子之言,致疑前人之誤。蓋天人之交,孔子乃隔絶之,以奉法守文,無俟神奇也。

---

①　見《左傳》宣公三年:"楚子問鼎之大小、輕重焉。對曰:'在德不在鼎。昔夏之方有德也,遠方圖物,貢金九牧,鑄鼎象物,百物而爲之備,使民知神、姦。'"
②　五服,指古時的一種理想行政區劃。自王畿以外,由近到遠,分爲五個地帶,稱爲五服。服,服事天子之意。五服具體所指,諸書説法不一。廖平據《書·禹貢》,謂五服指甸、侯、綏、要、荒,方五千里,包括内九州、外十二州。五服亦指以親疏爲差等的五種喪服,説見《知聖續篇》第二十二則。
③　四岳,典見《書·堯典》等篇。僞孔傳謂四岳指"羲、和之四子,分掌四岳之諸侯"。廖平《地球新義》等則認爲,四岳"本指巡狩之岱、衡、華、恒四山而言","天子居中,四方兩伯共主一岳;天子巡守,每岳兩伯覲朝","四岳分四正四隅,即爲八伯"。

二十一

舊以《逸周書》①著録《漢書》,爲秦漢先師采綴而成,亦如《戴記》②。今有《汲冢》舊名,或以爲實不出於西晉③。然序文淺陋,必係僞作。篇中體製不純,間涉殷事。及《王子晉》(又稱《太子晉》)《職方》《月令》等篇,必非周書。蓋晉人取舊本,而別以己意補足成書。中多《司馬法》④與《書》《禮》佚文,而雜采古傳記者亦不少。其出汲冢,雖無明文,自必當時再出,故加此名。近人堅以爲漢出,不知此決非漢本。《竹書》⑤亦同時所得,亦必有舊本。惟其書多蝕脱,各以己意釋補,如邘盟、滅夏陽(虞國之塞邑,在今山西平陸縣北,虞、虢共守之)之

---

① 《逸周書》,書名,主要記載周代的誥誓號令。《漢書·藝文志》著録爲"《周書》七十一篇"。有人誤認爲與《竹書紀年》同時出土於汲冢,故舊題《汲冢周書》。今存六十篇(并序),有晉代孔晁注本。

② 《戴記》,指《大戴禮記》和《小戴禮記》,均爲先秦至秦漢時期的禮學文獻選編。其中《大戴禮記》爲西漢戴德編纂,原有八十五篇,今存三十九篇;《小戴禮記》即今本《禮記》,爲西漢戴聖編纂,共四十九篇。

③ "西晉"後,家藏本加"蓋孔子正名,乃有古文三代□□□"十四字。

④ 《司馬法》,古兵書名。戰國時齊威王命大夫整理古代《司馬兵法》(王震《司馬法集釋》認爲即姜太公遺法),而以大司馬司馬穰苴所著兵法附之,故又稱《司馬穰苴兵法》。《漢書·藝文志》稱《軍禮司馬法》,共一百五十篇,列入禮類。今本存五篇,另有部分佚文。

⑤ 《竹書》,即《竹書紀年》。戰國時期魏國編年體史書,記載了從夏朝到戰國時期的史事。西晉時出土於汲郡魏安釐王冢(或言魏襄王墓)。以其爲竹簡,故稱《竹書紀年》。原書共十三篇,至宋時已佚,今有多種輯本。

類,皆以爲《左傳》之助,^①至於乖異實事。故《逸周書》非真古書也。

二十二

孔子爲素王,知命制作,翻定六經,皆微言也。^② 聖門師弟相傳,常語如此,《論語》是也。而又有隱微其言者,如周喪期,孔子制作定爲三年,三代通同之。《尚書》言三年者,非實事,新制也。宰我、子貢疑其事,孔子答以"古人皆然"。^③ "古人"即指《堯典》"三載,四海遏密(密,通"謐"。遏密,指禁絶以保持謐靜)八音(僞孔傳:"八音:金、石、絲、竹、匏、土、革、木。"八音,本指八種樂器之音,此泛指一切音樂)"事,不明言改制也。曾子問喪,亦有"夏后氏三年"(《禮記·曾子問》)之文,實則孔子爲主改帝王以合己,使若帝王實已如此,不過取之爲説。

―――――――――

① 參杜預《春秋經傳集解後序》:"其(校注者按:指《竹書紀年》)著書文意,大似《春秋經》,推此足見古者國史策書之常也。文稱'魯隱公及邾莊公盟于姑蔑',即《春秋》所書'邾儀父未王命,故不書爵。曰儀父,貴之也'。又稱'晉獻公會虞師伐虢滅下陽',即《春秋》所書'虞師、晉師滅下陽。先書,虞賄故也'。"按,《左傳》之"下陽",《公羊》《穀梁》作"夏陽"。

② "皆微言也"下,家藏本加"頤卦二、五爻皆有經,六爻即六經"十三字。

③ 宰我疑三年喪期,詳《論語·陽貨》。此處所言子貢疑爲子張之誤記。子張疑三年喪期,見《論語·憲問》:"子張曰:'《書》云:"高宗諒闇,三年不言。"何謂也?'子曰:'何必高宗,古之人皆然。君薨,百官總己以聽於冢宰三年。'"

孟、荀以來，微言已不盡傳，又有緣經立義之傳，與之互異。然古師皆傳此義，唐後學者誤解傳義，遂使孔子作、述全爲帝王所奪，《易》《詩》《書》《禮》《樂》皆變爲古書，《春秋》則爲舊史。所不奪者，《論語》《孝經》而已。

二十三

六藝本爲孔子新義，特自託之於述，《左》(《左傳》)《國》(《國語》)則以爲皆出於孔子以前。如韓宣子見《易象》，[1]季札觀樂歌《詩》，與《書》《禮》皆多引用。以六藝當出於孔子前，蓋因"述而不作"語，遂舉六藝盡歸之國史舊文。後人不知此說出於依經立義，指以爲實，微言之說，遂全爲《左》《國》所亂矣。

二十四

《國語》爲六經作傳，或以左丘明即子夏。"明"與"商"

---

① 見《左傳》昭公二年："晉侯使韓宣子來聘……。觀書於大史氏，見《易象》與《魯春秋》，曰：'周禮盡在魯矣，吾乃今知周公之德與周之所以王也。'"《易象》即《易經》。廖平《易經新義疏證凡例》"正《周易》名"條云："《左傳》所稱《周易》，亦爲古文家所加，當以'易象'之名爲正。"劉師培《經學教科書》第二册第十一課《釋易象》亦云："《周易》一書，本名《易象》。""韓宣子見《易象》"下，家藏本加"之言盡在魯，中包《詩》《書》《禮》《樂》，其實六經，故曰：周禮全在魯矣"二十三字。

"羊""梁"同音(四者即左丘明、卜商、公羊、穀梁之末字,在上古韻部中同屬陽部),左丘(據下文意,左當讀爲"佐";丘爲孔子之名)即"啟予",所謂"左丘明",即"啟予商"①,左丘喪明(見《史記·太史公自序》:"左丘失明,厥有《國語》。"),即子夏喪明事(見《禮記·檀弓上》:"子夏喪其子而喪其明。"《史記·仲尼弟子列傳》:"孔子既没,子夏居西河教授,爲魏文侯師。其子死,哭之失明。")。三《傳》始師,皆爲子夏。爲文學傳經之事(按,子夏爲孔門四科中"文學"科之優秀人才),故兼言六藝,不僅傳《春秋》。

　然以六藝推之舊文,此欲掩改制之迹,即孔子作而不述之微意也。不言孔子改古書,而言古書合孔子心,本尊向孔子,非欲駁之也。而劉歆(見本篇第十九則脚注)乘隙而入,襲此説以攻今學(今文經學),以六藝爲舊文,孔子直未造作,於是而素王改制等説全變矣。劉歆之説,實《國語》爲之先路。同此一説,而恩怨各別,皆以當時微詞隱避,致使大義中絶,聖學晦而不彰。

　今孔廟既封建王號,用天子禮樂,時勢遠異。又更無所避忌,正當急張微言,使其明著。不可再行隱避遷就,使異端得藉口相攻。況此乃漢宋先儒舊義,非一人私言。《論語》《中庸》《孟子》先有明文,精確不易。史公云:"第(姑且)弗深

---

① 　語出《論語·八佾》:"子夏問曰:'巧笑倩兮,美目盼兮,素以爲絢兮。何謂也?'子曰:'繪事後素。'曰:'禮後乎?'子曰:'起予者商也! 始可與言《詩》已矣。'"

究①,其所表見(同"現")皆不虛。"(《史記·五帝本紀》)信然矣。

素王以《詩》説爲本根,實即道統之説。先儒誤據"從周""不議禮、制度、考文"(語出《禮記·中庸》,原作:"非天子不議禮,不制度,不考文。")以相駁,篇中已釋其義。然試再爲申之。

云"從周"矣,何以答顔子兼用四代? 既云"不作"矣,何以獨辨"不知而作"? 孔子,周之臣子,從周何待言? 居今而言從本朝,豈非夢囈乎? 聖人立身出言爲萬世法,宜何如慎密。今動以天自擬,又云"其或繼周"(語出《論語·爲政》:"子曰:'……其或繼周者,雖百世可知也。'")"如有王者"(語出《論語·子路》:"子曰:'如有王者,必世而後仁。'"),與"鳳鳥""河圖"之歎(語出《論語·子罕》:"子曰:'鳳鳥不至,河不出圖,吾已矣夫!'");專禮樂征伐之權,斥言"天下無道"(語出《論語·季氏》:"孔子曰:'天下有道,則禮樂征伐自天子出;天下無道,則禮樂征伐自諸侯出。'");取亡國夏殷與本朝並論,而議其從違;又自負承先皇文王之統(見《論語·子罕》:"子畏於匡,曰:'文王既没,文不在茲乎? 天之將喪斯文也,後死者不得與於斯文也;天之未喪斯文也,匡人其如予何?'")。無論(不用説)道理不合,其有不買(招引)口舌之禍者乎? 庸愚皆知畏法,豈有聖人發隴(通"壟",田埂)上之歎,與陳涉、吴廣同科,導人以發難乎?②

子貢以爲堯舜猶賢,南宫适以禹、稷相比(見本篇第五則脚

---

① 究,《史記》原作"考"。

② 見《史記·陳涉世家》:"陳涉少時,嘗與人傭耕,輟耕之壟上,悵恨久之,曰:'苟富貴,無相忘。'傭者笑而應曰:'若爲傭耕,何富貴也?'陳涉太息曰:'嗟乎,燕雀安知鴻鵠之志哉!'"

注)，“子路使門人爲臣”（《論語·子罕》），仲弓（即冉雍，字仲弓，孔子弟子）許之南面，①宰我輕改舊章，②孔門弟子豈皆妄希非分，自居不疑乎？孔子，周之臣子，並非宋君，乃敢以殷禮自用？或以爲異書不足信，《孟子》明云：“《春秋》，天子之事”；“王者之迹熄而《詩》亾（古“作”字），《詩》亾然後《春秋》作”（《孟子·離婁下》）；“仲尼不有天下”（《孟子·萬章上》），又屢以帝王、周公與孔子並論。

孔子受命制作，有不得不改之苦衷。若夫尊君親上，別有明條，並非欲後人學其受命制作，何嫌何疑？必欲將孔子説爲一迂拘老儒乎？孔子教人忠孝，文在別經。許止③、趙盾④，猶蒙惡名。“人臣無將”，⑤《春秋》名義。若其自處，別有精義。若以此説有乖臣道，則舜、禹、湯、武爲帝王垂法，豈學舜、禹者

_____

① 見《論語·雍也》：“子曰：‘雍也可使南面。’仲弓問子桑伯子。子曰：‘可也簡。’仲弓曰：‘居敬而行簡，以臨其民，不亦可乎？居簡而行簡，無乃大簡乎？’子曰：‘雍之言然！’”

② 參廖平《經話甲編》卷二：“宰予欲短三年喪，本指天子國恤而言。……宰我以天子服三年，天下從服皆得三年，難行，意欲改服期。推諸侯絶旁期之法以尊降，明目張膽改爲期年。”

③ 許止，春秋時許悼公太子。魯昭公十九年（前523）五月，許悼公病，太子止進藥，悼公因藥不達而死。《春秋》書“許世子止弒買”，《公羊傳》曰“不成於弒”而加弒，“譏子道之不盡也”。

④ 趙盾，春秋時晉大夫。魯宣公二年（前607）九月，趙穿弒晉靈公，迎趙盾入朝，立成公黑臀。《春秋》書“趙盾弒其君夷皋”，《公羊傳》曰“親弒君者趙盾”，“加之趙盾”，以其“不討賊也”。

⑤ 見《公羊傳》莊公三十二年：“君親無將，將而誅焉。”《史記·叔孫通列傳》：“人臣無將，將即反，罪死無赦。”裴駰集解引臣瓚曰：“將，謂逆亂也。”

務求禪讓,法湯、武者專力犯上乎? 孔子之志與舜、禹、湯、武同符合貫,學之者但當自審所處,不必以己之所必無,都爲古聖之所斷不有。且世之犯刑辟、坐不敬者,又孰爲孔子所誤哉!

二十五

聖人一言必有一言之效,乃自今視之,多爲常語。常語則何待言? 又何必傳流至今? 凡今見爲常語者,在當日皆爲切要之説。蓋言如藥物,當時爲對症,得聖言而病愈,積久成習,遂視爲故常。故學者於常語尤當留意推考,因藥求病,足以見當日時事。

又"《春秋》常於嫌(懷疑)得(適宜,正確)者,見不得"(董仲舒《春秋繁露·楚莊王》),列國行事失禮,使乖舊制,人人所知,孔子何爲非之? 又何以足傳爲經? 可見孔子譏貶,皆爲時制,衆人不知,故譏貶之。如魯之舞八佾(見本篇第十五則箋注),射之主皮(見《論語·八佾》:"子曰:'射不主皮,爲力不同科,古之道也。'"),喪不三年(見《春秋》閔公二年:"夏五月乙酉,吉禘于莊公。"《公羊傳》:"'吉禘于莊公'何以書? 譏。何譏爾? 譏始不三年也。"),同姓婚(見《春秋》哀公十二年:"夏五月甲辰,孟子卒。"《公羊傳》:"孟子者何? 昭公之夫人也。其稱孟子何? 諱娶同姓,蓋吳女也。"另詳《論語·述而》),皆真周制,孔子欲改,故譏之。若人共知其非禮,又從而譏之,則人云亦云，徒勞口舌。聖人吐辭爲經，故凡所言，都爲制作。今立此一例，於《春秋》《論語》諸經，凡所非議，皆爲改制救弊；至當時所共明者，則絕不一語。以此求之，然後聖經可尊，聖功可見也。

二十六

三統以《尚書》爲本，乃經學大例。觀《四代禮制沿革表》《三統禮制循環表》(兩表均爲廖平所撰，今未見)，可見先儒雖主此說，於經少所依附。今按其說，當於《詩》《春秋》中求之。四代無沿革，而名號小有異同，此即三統例之大端。至於服色、牲器，猶其小焉者矣。董子云九而易者，大九州(見本篇第六則脚注)、九洛(《洛書》九疇，即傳説中天帝賜給禹治理天下的九類大法。《莊子·天運》："九洛之事，治成德備。")、九主之説也(見《史記·殷本紀》："伊尹處士，湯使人聘之，五反然後肯往從湯，言素王及九主之事。"司馬貞索隱："九主者，三皇五帝及夏禹也。")；五而易者，五帝循環(指青、黄、赤、白、黑五帝五方如"五行迭運""五德代興")、《小雅》五際説也(見顏師古注《漢書·翼奉傳》"《詩》有五際"引孟康："《詩内傳》曰：'五際，卯、酉、午、戌、亥也。陰陽終始際會之歲，於此則有變改之政也。'")；四而易者，《尚書》説也(據廖平審定、黄鎔撰輯《書經周禮皇帝疆域圖表》〔下文簡稱《皇帝疆域圖表》〕，《尚書》有一皇四帝四鄰之制，如一歲統四時)；以三而易者，三《頌》説也(前文云："三統之説，本於三《頌》。")；以二而易者，《魯》

《商》中外文質説也。①

今以三統立爲一專門，先就各經立表，考其同異，更輯傳
説之有明文者以補之，以爲一類。然後掇 duō 拾群經異義，可
以三統説者，歸爲《續表》，而《四代真制之表》，附於其後，總
爲一書，名曰《三統》。不惟經學易明，而孔子"百世可知"
（《論語·爲政》）之意亦見矣。今已改三統不能循環者爲《三世進化表》
矣。

二十七

三統立説，孔子時已然，非後儒所附會，如宰我言社樹、②
《戴記》(見本篇第二十一則脚注)中所引孔子言四代者是也。③
《王制》《國語》《祭法》(《禮記》篇名)廟制，與《春秋》《詩》《孝
經》時祭(指天子、諸侯春夏秋冬四時宗廟之祭)，皆當以三統説之。
既知此非真四代制，又知此爲百世立法，又推本經書爲主，以

---

① 前文云："'魯商'二字即'文質'，'文質'即'中外''華洋'之替字。"
又，董仲舒《春秋繁露·三代改制質文》云："故王者有不易者，有再而復者，有
三而復者，有四而復者，有五而復者，有九而復者。"

② 見《論語·八佾》："哀公問社於宰我。宰我對曰：'夏后氏以松，殷人
以柏，周人以栗。'曰：'使民戰慄。'子聞之曰：'成事不説，遂事不諫，既往不
咎。'"

③ 詳《大戴禮記·四代》。又見《禮記·表記》："子曰：'虞夏之道，寡怨
於民；殷周之道，不勝其敝。'子曰：'虞夏之質，殷周之文，至矣。虞夏之文，不
勝其質；殷周之質，不勝其文。'"《中庸》："子曰：'吾説夏禮，杞不足徵也；吾學
殷禮，有宋存焉；吾學周禮，今用之，吾從周。'"

收傳記之説,更推考異義,以化畛 zhěn 域（界限,範圍）。此例一
明,而群經因之以明矣。

二十八

　　禮儀與制度有異:禮爲司徒所掌,如今之儀注（禮法儀節）,
即《儀禮》是也;制度則經營天下,裁成萬類,無所不包,如《王
制》是也。制度最大最要,禮儀特其中一門。

　　欲收通經致用之效,急宜從制度一門用功。若沾沾儀節,
不惟不能宏通,人亦多至迂腐。劉子政《別録》,制度爲專門,
與禮儀別出。至《儀禮經傳通解》①、《禮經綱目》②、秦氏《通
考》③,皆以禮包制度,大失經意。今特升《王制》爲制度統宗,
《禮經》儀注之文,歸於司徒六禮（見《禮記·王制》:"司徒修六禮以
節民性。……六禮:冠、昏、喪、祭、鄉、相見。"）而已。能悟此旨,經學乃
爲有用之書。

---

　　①　《儀禮經傳通解》,宋朱熹、黄榦等撰。初名《儀禮集傳集注》。共六
十六卷。是書"以《儀禮》爲經,而取《禮記》及諸經史雜書所載有及於禮者,皆
以附於本經之下,具列注疏諸儒之説"。
　　②　《禮經綱目》,即《禮書綱目》,清江永撰。共八十五卷。是書分爲嘉
禮、賓醴、凶禮、吉禮、軍禮、通禮、曲禮和樂等八目。搜集散見於經傳群書中的
中國古代禮樂制度,加以編排解釋。
　　③　秦氏《通考》,即《五禮通考》,清秦蕙田編。共二百六十二卷。是書
繼清初徐乾學《讀禮通考》而作,編纂爲吉、凶、軍、賓、嘉禮五個部分的史料。

二十九

舊用東漢許、鄭説，以同《王制》者爲今（今文經學），同《周禮》者爲古（古文經學）。丁酉（1897）以來，始以帝、王分門，不用今、古之説。

蓋哀、平（漢哀帝、漢平帝）以前，博士惟傳《王制》，而海外帝德之學，隱而未明。自漢以後，囿於海禁，專詳《禹貢》五千里之制。自明以後，海禁大開，乃知帝德，《詩》《易》之學，始有統宗。

至於王道之學，亦各有宗派。魯學居近孔子，《穀梁》《魯詩》專爲魯學。齊學雖與魯小異，然實爲今學。弟子各尊所聞，異地傳授，不能皆同。如《公羊》，今學也，而禮與《穀梁》不盡同；《國語》，今學也，而廟祭與《王制》多反。此中多爲三統異説。孔子既定《禮經》，更於其中立三統之制，以盡其變。弟子各據所聞以自立説，皆引孔子爲證。《王制》多大綱，故不能盡包群經異義，此爲大宗。

他如時制可徵者，《左傳》之世卿（世襲爲卿大夫）、昏同姓（昏，同"婚"，指與……結婚。見《左傳》哀公十二年："夏五月，昭夫人孟子卒。昭公娶于吳，故不書姓。"）、不親迎（見《左傳》隱公元年："九月，紀裂繻來逆女,卿爲君逆也。”)、喪不三年,①與《孟子》之徹法、②魯滕不行三年喪,③此皆當時之行事,與六經不同者也。

又《王制》統言綱領,文多不具。《春秋》《詩》《書》《儀禮》《禮記》所言節目(細節條目),多出其外,實爲《王制》細節佚典,貌異心同,如明堂(古代君王宣明政教之所。以其向明而治,故稱明堂)、靈臺(見《禮緯·含文嘉》:“天子有靈臺,以候天地。又天子靈臺,所以觀天人之際、陰陽之會也。”)、月令(指農曆某月的時令)之類是也。此類經無明文,各以己意相釋,此潤澤之異禮也。

又今《禮記》多先師由經文推得之文。如諸書皆言四時祭,當爲定制,而《孝經》先師只言春秋二祭,則以《孝經》無冬夏明文也(《孝經·喪親章》:“春秋祭祀,以時思之。”廖平撰、范燮筆述《王制集説》釋曰:“舉春秋以包冬夏,亦如魯史四時具而以‘春秋’爲名。”)。諸書時祭名,烝、嘗(冬祭曰烝,秋祭曰嘗)皆同,而春夏祭名互異,則以嘗、烝經中有明文,而春夏無明文也。凡此皆先師緣飾經文,別以聞見足成,非經之異説也。

---

①　喪不三年,見《春秋》閔公二年:“夏五月乙酉,吉禘于莊公。”《左傳》:“夏,‘吉禘于莊公’,速也。”廖平《春秋左氏古經説義疏》:“經言‘吉禘’,是未至三年,曰‘速’以譏之,此爲從周説。”

②　徹法,周代的田税制度。見《孟子·滕文公上》:“夏后氏五十而貢,殷人七十而助,周人百畝而徹,其實皆什一也。”鄭玄謂“徹,通也,爲天下之通法”。

③　見《孟子·滕文公上》:“滕定公薨,世子謂然友曰……然友反命,定爲三年之喪。父兄百官皆不欲也,故曰:‘吾宗國魯先君莫之行,吾先君亦莫之行也,至於子之身而反之,不可。且《志》曰:喪祭從先祖。’”

今於劉歆以前異禮,統以此四例歸之,不立古學①名目(見
廖平《古學考》:"今於劉歆以前異禮,統以參差例歸之。不立古學者,以其時尚
無古學也。")。

<h2 style="text-align:center">三十</h2>

舊專據《王制》以爲今學,凡節目小異者,遂歸入古學,當
入《異義》②。如《祭法》廟制、祭期,與《國語》同,而《荀子》亦
有此説。《祭法》有祧(tiāo,遠祖之廟。孫希旦《禮記集解》:"蓋謂高祖
之父、高祖之祖之廟也。謂之遠廟者,言其數遠而將遷也。")、有明堂,③
《王制》無之,而孔子言祧、言明堂者,不一而足,此不能盡指
爲《異義》説也。蓋聖人訂制,先立大綱,細節則多備三統之
文。大綱之封建、職官、選舉、學校,群書皆同,而細節則小異
矣。即以廟制言,大綱之七廟(見《禮記·王制》:"天子七廟,三昭三
穆,與太祖之廟而七。")祀天神、人鬼莫不同,而細節則小異。《祭

---

① "古學"前,家藏本加"今"字。
② 《異義》,即《五經異義》,東漢許慎著。《隋書·經籍志》及兩《唐志》
著錄十卷。是書援引百家遺説,分述今、古學之不同,再加案語判斷,然實從古
學。鄭玄著《駁五經異義》,引述有該書原文。至宋時,兩書俱佚。清人陳壽
祺輯《五經異義疏證》、皮錫瑞輯《駁五經異義疏證》等,可資參考。
③ 見《禮記·祭法》:"有虞氏禘黃帝而郊嚳,祖顓頊而宗堯。夏后氏亦
禘黃帝而郊鯀,祖顓頊而宗禹。殷人禘嚳而郊冥,祖契而宗湯。周人禘嚳而郊
稷,祖文王而宗武王。"鄭玄注:"祭五帝、五神於明堂。"

法》有日月之祀，《孝經》只春秋二祭，配天郊禘，①説各不同，此三統文質改變之説也。

又漢去春秋久，今本《王制》爲先師之一本。嚴、顔（指嚴彭祖、顔安樂，西漢公羊學名家）《公羊》二本，猶自不同，欲以一本括盡今學，勢所不能。今欲舉《王制》括今學，當以經文爲主。如治《公羊》者欲用《王制》，而本傳説與《王制》説不同者，則先標舉經文，次録傳記，以後再録三統潤澤異説。然後《王制》廣大，足以包括群經，不致小有異同，輒屏爲異説。如《禮記》孔子禮説與《王制》多異，固有依附，然其説多與六藝合，則不能屏爲異説。必有此例，然後《王制》足以包之。此爲專治《王制》者言。如專家舉一經推合《王制》，則但明本經，不涉異説。若再牽涉，徒滋煩擾。師説參差，莫如《戴記》。今即以治《戴記》之法治《王制》，使歸統制，參觀以求，思過半矣。

三十一

或以諸子皆欲傳教，人思改制，以法孔子，此大誤也。今考子書，皆春秋後四科（見本篇第十七則脚注）流派，託之古人。

---

① 郊，指郊外之祭。禘，指審諦之祭，有時禘（宗廟春祭或夏祭）、大禘（郊外祭天，以祖配祭）、殷禘（宗廟五年一次的盛大之祭）等多種説法。廖平《經説甲編》卷二認爲，《孝經》言“郊祀后稷以配天”，“不言禘嚳”（《禮記·祭法》云“周人禘嚳而郊稷”），“言春禘秋嘗，而無夏冬二祭”，爲省文互見耳。

案：以言立教，開於孔子。春秋以前，但有藝術、卜筮之書，凡子家皆出於孔子以後，由四科而分九流（見本篇第十七則箋注），皆託名古人，實非古書。

又今所傳子書，半由掇 duō 拾及雜采古書。如《弟子職》《地員》等篇，乃經傳師説，漢初收書秘府，附《管子》以行。《管子》亦非其自作，乃後人爲其學祖之，故其中多今學專家之語，並有明言《春秋》《詩》《書》之教者。今當逐書細考，不能據人據時爲斷。

至於《司馬法》（見本篇第二十一則脚注）、縱橫（《漢書·藝文志》著録有《蘇子》等"從橫十二家，百七篇"。又言："從橫家者流，蓋出於行人之官。"按，"從"同"縱"）等書，出於政事、言語科，亦爲四科流派。苟有會心，所見無非道，不僅於其中摘録足證今學，以備考究已也。

三十二

欲知《王制》統宗今學，觀《輯義》①自明；欲實明改制之意，非輯四代古制佚説不能。此書輯成，則改制之説不煩言而解。大約《春秋》所譏者，皆改制事。又別以五經爲主，凡與經不合

---

① 《輯義》，即《王制輯義》。廖平組織尊經書院學生撰輯，係以制度説經之專書。據廖平《經話甲編》卷一載，此書最終未完稿，"稿已及半，後乃散失"。此書已成部分則編入《王制集説》（廖平撰、范燮筆述）等書中。

者,皆周制。

今《古制佚存輯》(又稱《古制佚存》或《四代禮制佚存》。廖平撰於
1899 年前後,共兩卷。今未見此書)以《左傳》《國語》爲大宗,子史、
傳記、緯候皆在所取,與《王制輯證》(疑即《王制輯義》,又稱《王制義
證》)同。如《孟子》言周人徹(見本篇第二十九則"《孟子》之徹法"脚
注),此周人無公田之證;滕、魯不行三年喪(見本篇第二十九則脚
注),齊宣短喪,公孫丑(戰國時齊人,孟子弟子)答以期(jī,一周年,此
指一周年之喪期。見《孟子·盡心上》:"齊宣王欲短喪。公孫丑曰:'爲期之
喪,猶愈於已乎?'"),皆周喪期之證。俟周制輯全,然後補輯二帝
(指堯、舜)、夏、殷之制,以見《尚書》之譯改。如《墨子》夏喪三
月,①可見《堯典》高宗三年之文(見《書·無逸》:"其在高宗,時舊勞
于外,爰暨小人。作其即位,乃或亮陰,三年不言。"),皆非原文。

深通此旨,然後知《王制》爲新制,而《周禮》之爲海外會
典與古文家之誤説者,亦可見矣。

三十三

六經有小大、久暫之分。《春秋》地只三千里,爲時二百

---

① 《墨子·公孟》通行本云:"公孟子謂子墨子曰:'子以三年之喪爲非,
子之三日之喪亦非也。'子墨子曰:'子以三年之喪非三日之喪,是猶倮謂撅者
不恭也。'"清畢沅引《韓非子》等謂"三日"當作"三月"。《韓非子·顯學》原
文云:"墨者之葬也,冬日冬服,夏日夏服,桐棺三寸,服喪三月,世主以爲儉而
禮之。"

四十年;《尚書》地只五千里,爲時二千年;《詩》地域至三萬里,爲時百世,所謂“無疆無斁”(斁 yì,滿足,限止。典出《詩·魯頌·駉》:“思無疆,思馬斯臧”;“思無斁,思馬斯作”);《易》則六合(指天地四方)以外。《莊子》云“六合以外,聖人存而不論;六合以内,論而不議。《春秋》,先王之志”(《莊子·齊物論》),聖人切磋而不舍。此六藝大小之所以分。

飲器有套杯,小大相容,密合無間。以六藝比之:《易》爲大,《詩》爲《易》所包,《書》爲《詩》所包,《春秋》爲《書》所包。《春秋》爲最小、最暫,《易》最大、最久。此層次之分,大小之别,而統歸於《孝經》。《孝經》一以貫之,總括六藝,歸入忠恕。此聖人一貫之學,謂以孝貫六經也。

三十四

西人《八大帝王傳》①,亦如《尚書》之説堯、舜、禹、湯、文、武、周公。文字今、古,有埃及、希臘之分。孔子翻經,正如西人用埃及古文説八大帝事,實以古言譯古書,所以謂之“雅言”(見《論語·述而》:“子所雅言,《詩》、《書》、執禮,皆雅言也。”),通古今語。

---

① 《八大帝王傳》,全稱爲《歐洲八大帝王傳》,亦名《歐洲八帝紀》。英國來華傳教士李提摩太撰,叙述了從亞歷山大至拿破崙等西方八位帝王的事迹,“其振興文學,創修新政,由草昧而進文明,亦粗具梗概”。

　　而今之談西事者,謂耶穌以前西教,實同孔子,耶穌因其不便,乃改之。此蓋西人入中國久,思欲求勝,遂謂西方古教亦同中國,耶穌改舊教亦如孔子譯帝王之書以爲經。時人但知今言,不知古語,好古之士,遂可借古文而自行己意。其説雖不足據,然凡立教番譯(即翻譯)古書以爲説,則同也。

三十五

　　舊以《易》爲孔子作,《十翼》(指《易》的《象傳》上下、《象傳》上下、《繫辭傳》上下、《文言》、《説卦》、《序卦》、《雜卦》,共十篇,又稱《易大傳》)爲先師作,或疑此説過創(過度創造,臆造)。今按:陳東浦已不敢以《易》爲文王作矣。① 以《十翼》爲《大傳》,始於《史記》。② 宋廬陵(即歐陽修。歐陽修本爲江西吉安人,而吉安原屬廬陵郡,故以宋廬陵代指歐陽修)、慈湖(即楊簡〔1141—1226〕,字敬仲,宋慈

---

　　① 陳東浦,疑指清代著名學者陳澧,"東浦"當作"蘭浦"或"東塾",蓋混其字號而誤。下同。陳澧(1810—1882),字蘭甫,又字蘭浦,號東塾,清廣東番禺(縣治今廣州)人。著有《東塾讀書記》《漢儒通義》《東塾集》等。陳澧"不敢以《易》爲文王作",説見《東塾讀書記·易》:"孔子言'《易》之興',但揣度其世與事,而未明言文王所作也。孔子所未言,後儒當闕疑而已,何必紛競乎? 惠定宇必以爲文王作,所撰《周易述》……。紆曲如此,更可以不必矣。"
　　② 見《史記·太史公自序》引司馬談《論六家之要旨》:"《易大傳》曰:'天下一致而百慮,同歸而殊塗。'"按,《十翼》稱爲"傳",有自孔門弟子傳《易》之意。參see宋代鄭樵《六經奧論·易經》:"今之《繫辭》,乃孔門七十二子傳《易》於夫子之言,爲《大傳》之文。則《繫辭》者,其古傳《易》之《大傳》歟?"

溪〔今屬浙江〕人。曾築室德潤湖上,號慈湖。著作編爲《慈湖遺書》)皆云非孔子作。黃東發(即黃震〔1213—1280〕,字東發,學者稱於越先生,南宋慈溪人。著有《黃氏日鈔》《古今紀要》等)、陳東浦以《説卦》爲卦影之學(古代以圖畫詩文等預卜吉凶禍福的一種占卜術),非解經而作,必非孔子所作,①尤與予説相合。《十翼》既非孔子作,則經之爲孔子作無疑矣。

或疑《十翼》多精語,非先師所能。今按:《大傳》最古,當出於七十弟子之手,且多引孔子語,宜其精粹。又或疑《十翼》多孔子釋《易》之語,必不自作自釋。不知《喪服》(《儀禮》篇名)《春秋》,皆孔子作,孔子解釋,不一而足。若孔子一人自作《十翼》,何以《乾》《坤》《彖》《象》《文言》重複別出,自相解釋,毫無義例乎?人但據《繫辭》"文王與紂之時②"一語,遂誤周文王;又因"三易"(指《連山》《歸藏》《周易》的合稱。廖平認爲,"三易乃筮之法","並非三代三書")《周易》,《左傳》引其文在孔子先,遂酷信俗説,經出文、周(指周文王、周公),孔子但作《傳翼》(《大傳》《十翼》)。故自古至今,迷而不悟也。《經話乙篇》(又作《經話乙編》。廖平撰。據光緒《井研縣志·藝文志》載,是書"收丁酉〔1897〕

---

① 見陳澧《東塾讀書記·易》論《説卦》:"《黃東發口鈔》云:'愚恐此是古者占卜之雜象,如今卦影然,占得某象者,即知爲某卦。'澧案:此當云'占得某卦者,即知爲某象'。澧謂東發之説,蓋得之矣。此章之象,凡一百一十三,爲數雖不多,然其類甚備。……此爲占事知來之用,所謂'遂知來物',非爲解經而作,故求之於經多無之;且未必孔子所作,乃自古相傳有此術。"

② 時,《易·繫辭下傳》原作"事"。

至庚子〔1900〕説經之語,專詳帝德","以大一統爲主")別有詳説。

三十六

先儒以《易經》爲文、周作,皆誤解"三易"之《周易》。考《左》《國》言《周易》,皆一變五爻變。① 今以"周"爲"周游六虚"②之"周",非代名,則文、周之説自潰敗矣。

再以十二證明之③:

作《易》之人,與文王、紂事相值,故詞多憂患,非以爲文王自作。今據《大傳》不質言(如實而言)文王作,其證一也。

《十翼》乃先師記録師説,引孔子語最多,與《公》《穀》《喪服傳》(解釋《儀禮·喪服》經、記的傳文,相傳爲子夏所撰)同例,必非孔子自撰。先儒以經歸之文、周,不得不以傳歸之孔子,二

---

① 占筮時,由於所筮的卦某一爻或數爻發生性質的變化(或由陰之陽,或由陽之陰),由一卦變成另一卦,其過程稱爲爻變。按,廖平《四益館雜著》《四益易説》等書均謂《左》《國》所言《周易》爲一爻變。一變五爻變,蓋指由一爻到另五爻,均可能發生性質的變化,從而由一卦變成六卦,此即下文所謂"周游六虚"之意。

② 周游六虚,語本《易·繫辭下傳》:"《易》之爲書也不可遠,爲道也屢遷,變動不居,周流六虚,上下无常,剛柔相易,不可爲典要,唯變所適。"據韓康伯注,六虚指每卦六爻的位置。因爻有陰陽,每卦之爻變動不定,故爻位稱"虚"。

③ "證明之"下,家藏本加一證曰:"頤卦二、五爻兩言經字,六爻配六經,皆孔子作,有斷然據。頤卦乃十朋,小過卦乃十翼,孔子作《十翼》,即小過,一也。"並將下面"證一"至"十二也"依次加一爲"證二"……"證十三"。

也。

爻辭有姬文（指周朝奠基者周文王姬昌，與孔子制作所託之文王、中國文家之王相對而言）以後事，必不出於姬文，三也。

《十翼》乃傳體，注疏之先路，孔子作經，必不爲姬文作注，四也。

《郊特牲》商得《坤乾》，①此未修《易》之原名藍本，孔子本之作《易》，亦如本魯史修《春秋經》，並非文、周作，五也。

汲冢本無《十翼》，司馬談②稱《繫辭》爲《大傳》，與《尚書》《喪服》同例，即不能謂經文必作於孔子，若《大傳》則必不出孔子，六也。

初以經屬文王，東漢乃添入周公，朱子遂謂四聖人之《易》各不相同，③後人因割裂四分，《提要》（當指《知聖篇撮要》，載於廖平之子廖師政編《家學樹坊》）比之殺人行劫，一國不止三公，流弊無窮，七也。

"三易"分三代，說不確，即使果分三代，孔子得之商人，

---

① 按，"商得《坤乾》"不見於《禮記·郊特牲》，實見於《禮記·禮運》："孔子曰：'我欲觀夏道，是故之杞，而不足徵也，吾得夏時焉。我欲觀殷之道，是故之宋，而不足徵也，吾得《坤乾》焉。《坤乾》之義，《夏時》之等，吾以是觀。'"

② 司馬談（？—前110），西漢左馮翊夏陽（今陝西韓城南）人。司馬遷之父。習道家之言。漢武帝時任太史令，愍學者不達各家精義，乃論六家要旨。

③ 見《朱子語類·易二》："故學《易》者須將《易》各自看，伏羲《易》自作伏羲《易》看，是時未有一辭也。文王《易》自作文王《易》，周公《易》自作周公《易》，孔子《易》自作孔子《易》看。必欲牽合作一意看，不得。"

本傳以爲殷末,亦必非周代之新本,八也。

《序卦》《説卦》,皆先師推演之言,諸家傳本各不同。《繫辭》體同外傳,引孔子説而以《易》證之,必非孔子作,九也。

六經皆孔子據舊文,亦作亦述,以《十翼》歸之孔子,作傳不述經,與五經不一例,十也。

必信《左》《國》,《文言》四德,早見穆姜(據《左傳》襄公九年載,魯成公之母穆姜所言元、亨、利、貞四德之文與《易·乾·文言》所載略同),《十翼》亦多舊文,十一也。

《易》與《詩》同爲大統下俟百世之書,重規叠矩,互相起發,必出一手。《繫辭》文辭雜沓,非一人所作,吳氏(指元代吳澄,著有《易纂言》《易纂言外翼》)曾經審訂,十①二也。

後師反因《繫辭》而附會,以爲文王作,蓋誤讀《左》《國》《周禮》,三《易》文多出孔子以前,因而誤爲此説故也。

三十七

舊於《儀禮》經、記分爲今、古,非也。按周時禮儀,上下名分不嚴。大約如今西人之制。孔子作《禮》,明尊卑,別同異,以去禍亂之源。凡禮多出於孔子,傳記以爲從周者,託辭也。《儀禮》爲孔子所出,孺悲(春秋末魯人,孔子弟子)傳《士喪禮》可

---

① 十,原脱,據文意補。

證。蓋《儀禮》爲《王制》司徒六禮(見《禮記·王制》："司徒修六禮以
節民性……。六禮:冠、昏、喪、祭、鄉、相見。"鄭玄注:"鄉,鄉飲酒、鄉射。")之
教,與《春秋》禮制全同,亦爲經制,非果周之舊文,而《記》乃
孔子弟子所記也。今將經、記同爲經制,爲素王所訂之"禮經
三百"(語本《禮記》。《禮器》篇作"經禮三百,曲禮三千",《中庸》篇作"禮儀
三百,威儀三千",《漢書·藝文志》引作"禮經三百,威儀三千"),先師所云
"制《禮》正《樂》"者是也。

三十八

《論語讖》(《論語》類緯書的一種):"子夏等六十四人,撰孔子
微言,以事素王。"(參《文選》李善注:"《論語讖》曰:'子夏六十四人,共
撰仲尼微言。'"又:"《論語崇爵讖》曰:'子夏共撰仲尼微言,以當素王。'")今
按:孔子作六藝,撰述微意,全在《論語》。《詩》爲五經之凡
例;《論語》者,又六藝之凡例也。其中多師弟傳心精微隱秘
之言,與夫商酌損益之説,故其言改制及六藝者百餘章。欲知
六藝根源,宜從《論語》始。惟漢以後,此義失傳,舊解多誤,
不可復見本意耳。

三十九

《戴記》《孟》《荀》所記史事,全本六藝爲説,此賢爲聖

譯,緣飾經文,以聖爲歸者也。其中有時事一例,間(間或,偶爾)
與六藝相反。欲紀行事,不能全失其真,固秉筆一定之勢。然
緣飾例足以收合同之效,而時事例更以見改制之功。使必全
淹没實迹,反使人疑三代真是如此。聖人制作之功,必全淹没
不可見。

今人讀《史記》,皆知記《春秋》以前事,全爲經説,不可以
史例之。乃欲以《國語》爲史文,左氏爲史官,無論其書非史,
其人非史,萬不能以史立説! 若果存一當時真史,如《元朝秘
史》(原名《蒙古秘史》或《元秘史》)。13 世紀蒙古國官修的史書。作者佚名。
書中記載了蒙古族的起源和成吉思汗、窩闊台汗時期的史實)與《紀年》(即
《竹書紀年》,見本篇第二十一則《竹書》條脚注)之比(類),則誠如史公
所言“其文不雅馴,薦紳先生難言之”(《史記·五帝本紀》)矣。

六藝無傳記,不能孤行;聖經非賢傳,亦難於自立。孔子
改舊文以爲經,左、戴假六經以爲傳。經存經義,傳存傳説,故
有素王、素臣之稱(見晉杜預《春秋經傳集解序》:“《春秋》之作,《左傳》
及《穀梁》無明文,説者以爲仲尼自衛反魯,修《春秋》,立素王,丘明爲素
臣。”)。素王不專説《春秋》,素臣實亦不可獨以《春秋》説之
也。故讀《左》《國》當以經説讀之,不可以爲史文。

若《左》《國》之《三墳》《五典》《八索》《九丘》(四者皆上古
帝王遺書。具體所指,諸説不一。見《左傳》昭公十二年:“是能讀《三墳》《五
典》《八索》《九丘》。”杜預注:“皆古書名。”),又爲大統師説。蓋史公
尊信《尚書》以唐虞爲斷,又因《大戴·帝德、帝繫姓》,乃作

《五帝紀》，①則又大統道德之説矣。

四十

孔子雅推桓、文（齊桓公、晉文公），孟子鄙薄五伯，②此時勢不同故。孟子專言王天下，其言"仲尼之徒無道桓、文之事"（《孟子·梁惠王上》），謂鄙薄不屑稱法。

或遂疑左氏爲非弟子，故《公》《穀》爲《春秋》作傳例。弟子問及事實，師亦間引答之，不問則不詳，非不見事傳也。荀子稍後於孟，紀《春秋》遺事甚詳，亦《公》《穀》學。

史公學《公羊》，《世家》本《春秋》《譜牒》（即《春秋曆譜牒》，記載古代譜系名謚之書，已佚）爲説；又云鐸氏（指鐸椒，爲楚威王傅，編有《鐸氏微》）、韓非、吕氏（指吕不韋），多本《春秋》（見《史記·十二諸侯年表序》）。

賈子（指西漢政論家、文學家賈誼）用《左氏》尤多（參《漢書·儒林傳》："誼爲《左氏傳》訓故，授趙人貫公，爲河間獻王博士。"），此《左氏》通

---

① 見《史記·五帝本紀》："孔子所傳《宰予問五帝德》及《帝繫姓》，儒者或不傳。……予觀《春秋》《國語》，其發明《五帝德》《帝繫姓》章矣，顧弟弗深考，其所表見者皆不虚。"

② 見《孟子·告子下》："孟子曰：'五霸者，三王之罪人也。'"五霸即五伯。五伯具體所指，諸説不一。趙岐注曰："五霸者，大國秉直道以率諸侯，齊桓、晉文、秦繆、宋襄、楚莊是也。"廖平認爲，《公羊傳》從《左傳》主五伯（見氏著《今古學考》卷上），"《左傳》以齊桓、晉文、楚莊、吴王、越王爲五伯"（見氏著《經話甲編》卷一）。

行之證也。

董子云《春秋》重義不重事，但謂不重，非全不學。《公》《穀》師說不重事，謂義較事尤重，非先師不傳事也。後人重《左氏》者，輒以左氏爲史官，謂《公》《穀》不詳事。果爲史，則一經必有一傳，不應詳略懸殊。

考二《傳》說事多出《左氏》外，凡二《傳》微文孤義不能詳備者，《左傳》亦皆無說。如"祭 zhài 伯(《公羊傳》稱祭伯爲"天子之大夫"，《穀梁傳》稱其爲"寰内諸侯"，即"天子畿内大夫有采地"者)來"(《春秋》隱公元年)"肆大眚"①"郭公"(見《春秋》莊公二十四年。《左氏春秋》無傳。《公羊傳》謂郭公爲失地之君並寓居曹國之赤，《穀梁傳》解釋略同)之類是也。

不知《春秋》記大事，以明禍福得失，可以史例。如國史所紀(通"記")。經所記小事，多詳禮制，闡發微義，其細已甚，史所不詳。且《春秋》有筆有削，史所有而削之爲削，史所無而加之爲筆。《傳》曰"我無加損"(《穀梁傳》僖公十九年)，是有加例可知。舊無而新創之制，則不得不見。祭伯、祭仲、祭叔、單伯、

① 肆大眚，見《春秋》莊公二十二年。《左氏》《穀梁》"眚"，《公羊》作"省"，"省"通"眚"。眚，本書原訛作"青"，據《左氏》《穀梁》改。《左氏》無傳。《穀梁傳》："肆，失也。眚，災也。"失，通"佚"，赦免。眚 shěng，災眚，過失之罪。《公羊傳》："肆者何？跌也。大省者何？災省也。"廖平《公羊春秋經傳驗推補證》："跌，當作佚"，"佚，謂赦遣之也"；"災省，謂過失之罪"。

女叔、原仲，^①當時諸人曾否爲監，不可知也。此等事乃欲以史法言之，則難矣。故《左氏》原書本爲《國語》，惟有大事，不詳瑣屑，不能有一經必有一傳也。

總之，《春秋》之功，全在定一王之制，以爲萬世法，不徒劉四罵人^②。"亂臣賊子懼"（《孟子·滕文公下》），謂其改制作、絕亂源、失爲厲（虐害）之階，非謂褒貶而已。經傳果爲史法，則不足重，南史（春秋時齊國的史官，古代秉筆直書的良史典型。事詳《左傳》襄公二十五年）、董狐（春秋時晉國的史官，孔子稱其爲"古之良史也，書法不隱"。事詳《左傳》宣公二年）之書故不傳。若以爲經學，則不徒以史例責之矣。

四十一

《論語》之左丘明即子夏，所謂"巧言、令色、足恭，左丘明恥之，某亦恥之；匿怨而友其人，左丘明恥之，某亦恥之"（語出《論語·公冶長》，原文兩"某"字作"丘"）者，蓋倒裝句法，師生一氣，賢爲聖譯，故見解好惡相同。

---

① 以上六人均載《春秋》，廖平謂皆爲天子之大夫爲監於方伯者。所謂天子大夫不名而氏采，故伯、仲、叔皆字也。魯見四監，單 shàn 伯、夷伯、祭伯、祭叔是也；陳見二監，女 rǔ 叔與原仲是也；鄭見一監，祭仲是也。說見氏著《穀梁春秋經傳古義疏》《今古學考》等。

② 劉四罵人，典出劉昫等《舊唐書·劉禕之傳》："父子翼，善吟諷，有學行。……性不容非，朋儕有短，常面折之。友人李伯藥常稱曰：'劉四雖復罵人，人都不恨。'"後以"劉四罵人"指用俏皮淺露的語言罵人。

四十二

聖門文學爲傳經先師，以游、夏（即子游、子夏）爲主，即博士之根源，爲儒家之統宗。道家專詳帝道，後來文學詳於《王制》，自命爲孔子嫡派，道家遂自外而別，以黄老爲主，實則皆弟子所傳，爲德行科。蓋德行皆帝學，流爲道家。文學主六經，別爲儒家。學者須知二派皆孔子弟子。實則道家地步高於儒家，以所祖顏、閔、冉、仲，固在游、夏之上（見本篇第十七則“四科”脚注），所以《列》《莊》（《列子》《莊子》）於顏、閔多所推尚。所詬病者，小人儒家之孔子也（見《論語·雍也》：“子謂子夏曰：‘女爲君子儒，無爲小人儒。’”）。

四十三

《國語》上始穆王，下終三家分晉，此不傳《春秋》之實據。孔子六藝，由舊文而翻新義；《國語》紀事，亦由史事而加潤色。孔子舉新事託之帝王，賢者舉六藝緣飾於史事，其用心正同。

今於《左傳》分出《春秋》説，原書不但傳《春秋》，兼足爲六藝之傳。所言皆佚聞軼節，蓋各經師説，《左》實爲總括，其書當與《戴記》同重。此爲弟子依經立義，非真史文，當時亦

絕無此等實事。若當日真史文,則全爲《四代禮制佚存》(又稱
《古制佚存》。廖平約撰於 1899 年,共兩卷。今僅存《四代古制佚存凡例》,收
入《群經凡例》) 所録,與六藝相反者也。今言《左傳》不傳《春
秋》,乃尊《左氏》之至,非駁之也。若以爲真史文,專爲《春
秋》而作,則反小視之。且其事不見於經,則史文皆在可刪之
例矣。

四十四

泰西(猶極西,泛指西方國家)八大帝王,平大災,禦大難,與夫
開闢疆宇,如華盛頓之類,中國古之帝王,實亦如此。大約孔
子未出之先,中國即如今之西人,於保庶(佑護民衆)兵食之制,
詳哉言之。而惟倫教未極修明,孔子乃專以言立教,詳倫理。
六經一出,世俗盡變。

以今日之中國論,則誠所謂文敝,先師所謂周末文敝者,
爲今之天下言也。服習孔教久,則兵食之事多從簡略,故百世
以下,則以文質合中爲一大例。合通地球,不能再出孔子,則
以海外通中國,沾孔子教化,即如孔子再生。今日西人聞孔子
之教,即與春秋時聞孔子之言相同。學者不見孔子未生以前
之中國,觀於今之西人,可以悟矣。

四十五

　　《采風記》（清光緒年間宋育仁編著。全書分爲政術、學校、禮俗、教門、公法五卷，主要介紹了西方各國的政治、經濟、社會、宗教、風俗等情况）言：西人希臘教言君臣、父子、夫婦之綱紀，與中國同，耶穌出而改之。蓋采之近人之説。竊以此言爲失實。三綱之説，非明備以後不能興，既興以後則不能滅。西人舊法不用三綱，恐中人鄙夷之，則以爲古實有之，非中國所獨有，因其不便，乃改之。則使中國教失所恃，西教乃可專行。中人不察，群然附和，以爲耶穌大力，足以改孔子之制。此最爲誤謬！

　　六經中如《禹貢》言九州平治矣，周初乃斷髮文身[1]、篳路藍縷[2]，以爲由中國而變夷狄，則與耶穌改三綱之説同。既經立教，則萬無改變之理。緣立教在文明以後，由人情而作，非逼勒强迫。既作之後，人人服習，則亦萬無議改之理。今之西人，如春秋以前之中國，兵食之政方極修明，無緣二千年前已有教化。以中國言之，無論遠近荒徼（jiào，邊塞），土司猺獞（今作"瑤壯"），凡一經沾被教化，惟有日深一日，從無翻然改變之

　　① 斷髮文身，古代吴越一帶的風俗。見《莊子·逍遥遊》："宋人資章甫而適諸越，越人斷髮文身，無所用之。"《左傳》哀公七年："大伯端委以治周禮，仲雍嗣之，斷髮文身，臝以爲飾。"
　　② 篳路藍縷，見《左傳》宣公十二年："篳路藍縷，以啟山林。"又昭公十二年："篳路藍縷，以處草莽。"言駕柴車，穿敝衣，形容創業的艱辛。

事。故至於今，中國五千里皆沾聖教，並無夷狄之可言。以一經教化，則從無由夏變夷之理也。

四十六

歷觀前代，聚天下奇才博學，積久必成一絕技，超前絕後，實至名歸。唐之詩歌，明之制義（指科舉應試文章，即八股文。其文嚴格遵循經義，有若代聖賢立言，故稱），久爲定論。國朝諸事不及古，惟經學一門，超軼唐漢，爲　代絕業。

漢人雖近古，西漢舊籍，百不存一；東漢囿於古文，賈（賈逵）、馬（馬融）、許（許愼）、鄭（鄭玄）別爲新派，不似國朝精心孤詣（獨到的造詣），直湊單微。由東漢以溯西漢，由西漢以追先秦，人才衆多，著述宏富，群力所趨，數十年風氣一變。每況愈上，燦然明備，與荀（荀子）、鄒（鄒衍）爭富美，一掃破碎支離之積習。

前人云：神化之事，今不及古，惟算學、奕碁（同“棋”），獨勝古昔。蓋形迹之事，心思日闢日開，前輩所能，後賢可以掇拾，踵事臻華，後來居上。亦如西人格致（清末對西方傳入的聲、光、電、化等自然科學的統稱）諸學，日盛一日，其進不已。經學之用心，與算奕同，故風會所趨亦同。西學目前已如此，再數百年後，其休明（美好清明）不知更爲何如！詩歌、帖括（指科舉應試文章，即八股文），體用皆不及經學之尊。留此至詣，以待時賢，百世可知。驗小推大（語本《史記·孟子荀卿列傳》：“其語閎大不經，必先驗小物,推而大之,至於無垠。"),天意有在,其孤詣獨造,不有默默者爲之引導乎!

四十七

歷代科舉專精之業,皆數十年風氣一變。唐宋詩文無論已,明之制義,相傳有成、弘、正、嘉、隆、萬、天、崇(指明朝成化、弘治、正德、嘉靖、隆慶、萬曆、天啟、崇禎諸朝)等派,分年畫代,不爲苟同。亦如唐詩之初、盛、中、晚,宋詩之西崑①、元祐②、江西③、四靈④、江湖⑤。

國朝經學,大約可分爲四派:曰順、康,曰雍、乾,曰嘉、道,曰咸、同。國初承明季空陋之弊,顧(顧炎武)、黃(黃宗羲)、胡(胡

---

① 西崑,指西崑體。北宋真宗景德年間,楊億、劉筠、錢惟演等人宗法李商隱,追求詞藻,多用典故。他們相互唱和,編成《西崑酬唱集》,後世遂稱該詩體爲"西崑體"。

② 元祐,指元祐體。宋詩至哲宗元祐年間達到極盛,蘇軾、黃庭堅、陳師道等人的詩作成就較高,風行詩壇,南宋嚴羽《滄浪詩話》遂標其目爲"元祐體"。

③ 江西,指江西詩派。北宋末,呂本中作《江西詩社宗派圖》,自黃庭堅以下,合陳師道、潘大臨等二十五人以爲法嗣。因詩派領袖黃庭堅爲江西人,遂稱該詩派爲"江西詩派"。

④ 四靈,指四靈詩派。南宋永嘉詩人徐照、徐璣、翁卷、趙師秀結成的詩派,工唐律,宗法賈島、姚合。因四人字號中皆有一"靈"字,故稱"永嘉四靈"。

⑤ 江湖,指江湖詩派。南宋後期姜夔、劉克莊、戴復古、方岳等詩人形成的詩派。因這些詩人多爲遊士,詩作收入書商陳起刊印的《江湖集》等詩集而得名。

渭)、姜(當指姜兆錫)、王(王夫之)、萬(當指萬斯大)、閻(閻若璩)、朱(當指朱鶴齡)諸老，内宋(宋學)外漢(漢學)，考核辨論，不出紫陽(即朱熹，别號紫陽)窠臼，游心文、周，不知有尼山(山東曲阜有尼丘山，相傳孔子父叔梁紇、母顏氏禱於此而生孔子。故孔子名丘，字仲尼。後以尼山代指孔子)也。惠(惠棟)、戴(戴震)挺出，獨標漢幟，收殘拾墜，零璧斷圭，頗近骨董(古董)家，名衍漢學，實則宗法莽(王莽)、歆(劉歆)，與西漢天涯地角，不可同日語。江(江永)、段(段玉裁)、王(王念孫、王引之父子)、朱(朱駿聲)諸家，以聲音、訓詁、校勘提倡，天下經傳，遂遭蹂躪，不讀本經，專據《書鈔》(即《北堂書鈔》，類書名。唐初虞世南輯。摘録群書語句，供作詩文時采摭詞藻用。分帝王、后妃、政術、刑法等十九部，今存一百六十卷)《藝文》(即《藝文類聚》，類書名。唐初歐陽詢等奉敕撰。分天、地、人、歲時等四十六部，共一百卷)隱僻諸書，刊寫誤文，據爲古本，改易經字，白首盤旋，不出尋文。諸家勘校，可謂古書忠臣，但畢生勤勞，實未一飽藜藿(líhuò，泛指粗劣的飯菜)。二陳(陳壽祺、陳立)著論，漸別今、古，由粗而精，情勢然也。李(李兆洛)、張(張惠言)、龔(龔自珍)、魏(魏源)，推尋漢法，訟言(公言，明言。見《史記·吕太后本紀》："太尉尚恐不勝諸吕，未敢訟言誅之。"裴駰集解："徐廣曰：'訟，一作公。'駰按：韋昭曰：'訟猶公也。'")攻鄭，比之莽(王莽)、操(曹操)，罪浮桀、紂，思欲追踪西漢，尚未能抵隙古文。咸、同以來，由委(水流所聚之處，末尾)溯源，始知尊法孟、荀。開創難工，踵事易效，固其宜耳。綜其終始，窮則必通，以横詆縱，後止終勝。

廿年以來，讀遺書，詢師友，昔賢構室，我來安居。舊解已融，新機忽闢，平分今、古，不廢江河。初則周聖、孔師，無所左右；繼乃探源竟委，若有短長。博綜（猶博通）同學，分類研精，圖窮匕首乃見，附綴不類生成。乃如宋元辟雍①鐘鼓，獨享一人，六藝同原，貫以一孔。斯事重大，豈敢任情。既風會之所趨，又形勢之交迫，營室求安，菟 tú 裘（典出《左傳》隱公十一年："爲其少故也，吾將綏之矣。使營菟裘，吾將老焉。"菟裘本爲春秋時魯邑名，後代指退職歸隱之地）乃創。師友藥言，佩領（承受，銘記）夙夜，事與心違，未得輕改。由衷之言，有如皦（jiǎo，明亮）日。風疾馬良，時懼背道。②

四十八

中國譚（通"談"）天家舊法，皆謂天動地静，西人改爲地動天虛。中土初聞，莫不河漢③其言，積久相習，以爲定論。搜

---

① 辟雍，本爲周天子所設太學。後通常爲行鄉飲、大射或祭祀之禮的地方。班固《白虎通·辟雍》："天子立辟雍何？所以行禮樂宣德化也。辟者，璧也，象璧圓，又以法天，於雍水側，象教化流行也。"

② 據廖宗澤編《六譯先生年譜》載，光緒二十三年（1897），張之洞讓宋育仁傳話給廖平："風疾馬良，去道愈遠；繫鈴解鈴，唯在自悟。"命廖平改訂經說條例，不可再講尊今抑古和素王改制。並威脅説："如不自改，必將用兵。"廖平"爲之忘餐寢者累月"，但仍堅持己説，不願删改。

③ 河漢，比喻言語迂闊、不着邊際，引申爲忽視或不信任他人的話。典出《莊子·逍遙遊》："吾聞言於接輿，大而無當，往而不返；吾驚怖其言，猶河漢而無極也。"

考古説，乃多與相同。舊説六經，誤據《左》《國》，以爲文、周、國史所撰，孔子傳述之。今以爲孔子所作，託之帝王。地静天動，與地動天虛，節氣晝夜，事無二致。其所以斤斤致辯者，亦如西法，得之目驗，積久推測，確有實驗，不能舍實據而談空理。且徵之古書，亦如地有四游（古人認爲大地和星辰在一年的四季中，分別向東、南、西、北四極移動，稱爲四游。詳《禮記·月令》孔穎達疏引《尚書緯·考靈曜》），明文朗載。且自東漢以後，皆主文、周。秦火經殘（指秦始皇焚書燒殘六經事），以孔子爲傳述家，其説孤行二千年，道術分裂，人才困絶，其利弊可數。

劉歆《移太常博士書》，於十四博士[①]之外，請更立三事（王先謙《漢書補注》："三事謂《左氏春秋》《古文尚書》《逸禮》也。"），謂以廣異聞、尊道術。今新學持之有故，言之成理，歲月積累，居然別成一家。舊説之外，兼存此義，未爲不可。如必深固閉絶，殊失博采兼收之道。況留此以待後來審定，安知地動天虛，久之不成爲定論？事理無窮，聰明有限，是丹非素，未免不公。先迕後合，事所常有，姑妄言之，何妨妄聽之乎？《勸學篇》[②]以開

---

① 十四博士，見《後漢書·儒林傳》："及光武中興……。於是立《五經》博士，各以家法教授，《易》有施、孟、梁丘、京氏，《尚書》歐陽、大小夏侯，《詩》齊、魯、韓，《禮》大小戴，《春秋》嚴、顏，凡十四博士，太常差次總領焉。"按，此十四博士（即今文十四家）乃據東漢初年而言，應當是復立。根據文獻記載來看，新莽託古改制前，亦當有十四博士。

② 《勸學篇》，張之洞撰，清光緒二十四年（1898）刊行，爲闡述"中體西用"、宣傳維新思想的代表作。全書共二十四篇，其中内篇九，外篇十五，"内篇務本，以正人心；外篇務通，以開風氣"。

民智爲主，此編蓋以中法開士智，使不以村學究自畫。

四十九

　　德陽劉介卿子雄（即劉子雄〔1858—1889〕，字介卿，又字健卿，清末四川德陽人。官內閣中書舍人。有《劉舍人遺集》傳世。與廖平同爲尊經書院生員，多有切磋）**舍人**（官名，內閣中書的別稱），**心思精鋭，好闢新説。因讀《今古學考》**（廖平初變時期代表作，1886 年刊行。是書以禮制平分今、古，今學主《王制》，古學主《周禮》，張明兩漢師法。分上、下兩卷，上卷爲表，下卷爲説），**遂不肯治經。以爲治經不講今、古，是爲野戰；今、古又不免拾人牙慧，故舍經學，專工詩辭。又以《周禮删劉》**（廖平撰。一卷，今本附於《古學考》後。是書主要論證劉歆竄改《周禮》之説，並輯出其所羼入的條文）**爲閹割之法，於己説相迕，指爲竄改，不免武斷，必群經傳記，無一不通，方爲精博。今以大統説《周禮》，舊所閹割之條，悉化朽腐爲神奇。惜舍人不及見之也！**

五十

　　國初蔣大鴻①**言墓宅理氣之學，獨標玄解，宗法古初，力**

---

　　①　蔣大鴻（1616—1714），字平階（一説字大鴻），號宗陽子，明末清初著名風水學家。松江華亭（在今上海市西南）人。著有《地理辨正注》《陽宅指南》《天元五歌》《地理古鏡歌》等，輯訂有《秘傳水龍經》等。

攻明中葉晚出之《玉尺經》(舊題元劉秉忠撰、明劉基注。爲陰陽術數之書。據學者考證，是書實出明代末流之手。蔣大鴻在《地理辨正注》中攻之甚力)。或乃不取其書，詆其以一人肛(同"臆")見，欲盡廢相傳之舊説，謂前人無一是處，殊屬偏執云云。竊以此事當論是非，不當論從違之多寡。如《尚書》"三人占則從二人之言"(《書·洪範》)，《左傳》乃以一人爲衆(詳《左傳》成公六年)，此論是非不計人數之明説。蔣説雖於時術不合，證之古書，實乃相同，則其所欲去者，晚近謬説耳。用備一説，奚不可者？

南皮張尚書[①]不喜《今古學考》，謂余但學曾、胡(指曾國藩、胡林翼，均爲晚清中興名臣、湘軍名將)，不必師法虯髯[②]，並謂"洞穴皆各有主，難於自立"。今乃由《春秋》推《尚書》，推《詩》《易》，六合内外，悉歸部屬。然皇帝各有分司，愚不過借箸而籌(又作"借箸代籌"。箸，筷子。籌，籌劃。喻爲人出謀劃策。典出《史記·留侯世家》："臣前請藉前箸爲大王籌之。")。淮陰之策楚項(指漢元年〔前206〕，韓信爲劉邦獻策定三秦，滅西楚霸王項羽。淮陰代指韓信，因其在

---

① 張尚書，即張之洞(1837—1909)，字孝達，號香濤。清直隸南皮(今屬河北滄州)人。洋務派首領。著有《張文襄公全集》等。光緒十年(1884)，張之洞始由山西巡撫進兩廣總督，後繼任湖廣總督、兩江總督。清代總督例授兵部尚書兼都察院右都御史銜，故此稱張尚書。

② 虯髯，指虯髯客或虯髯公。據前蜀杜光庭《虯髯客傳》載，隋末有張姓俠士，髯赤而蜷曲，故號虯髯客。曾結識李靖、紅拂女，並因李靖得見李世民，以爲"真天子"，遂不願與之爭天下。後遁入扶餘國，殺其國君，自立爲王。參廖平《四益館經學四變記·三變記》："今以《王制》治内，獨立一尊，並無牽掣；而海外全球，所謂三皇五帝之《三墳》《五典》者，則全以屬之《周禮》，一如虯髯公與太原公子，分道揚鑣。"

漢初受封爲淮陰侯），諸葛之論魏吴（指諸葛亮在隆中對策，爲劉備闡述三國鼎立之遠景），功成身退，與曾、胡實出一途。杖履逍遥，退耕畎畝。劉秉忠①、劉青田②，何常不參預秘謀？亦終不失臣節。

五十一

《隋志》（《隋書·經籍志》）《陸録》（陸德明《經典釋文·序録》）所談各經源流，謬種百出，百無一真，證以《史》《漢》（《史記》《漢書》），其説自破。

近人言經學，以紀曉嵐③爲依歸。當時譚經諸家融而未明，紀氏專心唐宋小説雜聞，未能潛研古昔正書，以辭賦之才，改而説經，終非當行。又以《隋志》《陸録》爲宗旨，故所説經籍，不脱小説謏（xiǎo，小）聞，疑誤後學，受患頗深。

如説《周禮》，以爲周公舊稿，後來人非周公，隨時修改，久之，當時已不能行云云。是比《政和禮》（全稱爲《政和五禮新

---

① 劉秉忠（1216—1274），字仲晦，邢州（今河北邢臺）人。元朝政治家，官拜太保、參領中書省事。受命定官制，建一代成憲。博學多才，於書無所不讀，尤精《易》、邵氏《經世書》、陰陽術數。著有《藏春集》等。

② 劉青田，即劉基（1311—1375），字伯温。因係浙江青田（今浙江文成）人，故稱劉青田。官至御史中丞，兼太史令，封誠意伯，爲明代開國功臣。《明史》本傳稱其"通經史，於書無不窺，尤精象緯之學"。著有《郁離子》《誠意伯文集》等。

③ 紀曉嵐，即紀昀（1724—1805），字曉嵐，一字春帆，謚文達，清直隸獻縣（今屬河北）人。官至禮部尚書、協辦大學士。曾任《四庫全書》館總纂，纂定《四庫全書總目提要》。著有《紀文達公遺集》《閲微草堂筆記》等。

儀》。宋鄭居中等奉敕撰，共二百二十六卷。徽宗政和元年〔1111〕頒布。内分序例及吉禮、賓禮、軍禮、嘉禮、凶禮等目)《開元禮》(全稱爲《大唐開元禮》。唐蕭嵩等奉敕撰，共一百五十卷。玄宗開元二十九年〔741〕頒布。内分序例及吉禮、賓禮、軍禮、嘉禮、凶禮等目)猶不足，何足以爲經，使人誦習，傳之萬世？

《毛詩序傳》出於衛宏(字敬仲，東漢東海〔郡治今山東郯城附近〕人。光武帝時爲議郎。著有《毛詩序》《漢舊儀》等)，如大小毛公名字、叔姪、官爵等説，皆出《范書》(范曄《後漢書》)以後，乃誤爲真。其説二人，真如孫悟空、豬八戒，此等游戲，評詩談藝則爲高手，解經則成兒戲！

又如書坊僞端木《詩序》、申培《詩傳》，①其書竄亂删削，至爲陋劣！既明知其僞，乃又摘論其中數條，以爲義可兼存。似此猶可存，則又何不可存！

大抵紀氏喜記雜書，好行小慧，於史學、辭章尚有微長，至於經説，非其素業，故於各經論述，幾不知世間有博士，何論孔子！時賢推尚紀氏，故略發其説於此。大致悠謬(荒謬無稽)者多，不足與細辨也。

---

① 此句疑有錯訛：書坊，蓋當作"豐坊"；《詩序》，當作"《詩傳》"；《詩傳》，當作"《詩説》"。據《四庫全書總目提要》，《詩》類存目僞書有《詩傳》(舊本題"子貢撰")、《詩説》(舊本題"申培撰")各一卷，均係明豐坊僞作。

五十二

國朝雍、乾以後，鄭學（鄭玄之經學）盛行，誤信孔氏（孔穎達）"疏不破注"之邪説，寧道周、孔（周公、孔子）錯，不言馬、鄭（馬融、鄭玄）非。積習移人，牢不可破。嘉、道以後，龔、李（龔自珍、李兆洛）諸賢，始昌言攻之。然亦如晉王子雍①，一生專與鄭爲難，乃全不得其病痛所在。考鄭學自魏晉以後，盛行千餘年，其人人品高，號爲經師完人。至細考其著作，實不見所長。

《詩》《書》二經，推《周禮》以爲説，强四代經文以就其誤解之《周禮》，固無論矣！平生著述，三《禮》爲優，《周禮》又其本中之本。《大行人》注言周之疆域方（方爲計量面積用語，指縱橫的長度）七千里，天子以方千里者一爲王畿，州牧各得方千里者六，以一州牧大於天子五倍，似此謬妄，婦孺皆知其非。②《周禮》以制度爲主，制度以封建爲首綱，根本已失，其餘均不足觀。

————————

① 王子雍，即王肅（195—256），字子雍，三國魏東海（郡治今山東郯城附近）人。官至中領軍，加散騎常侍。善賈逵、馬融之學，而不喜鄭玄之學。采會同異，曾爲《尚書》、《詩經》、《論語》、三《禮》、《左傳》等作注。按，王肅卒於魏甘露元年（256），司馬炎廢魏建晉則在十年之後，此處將王肅繫於晉代當欠妥。

② 廖平謂鄭玄誤讀《周禮·大行人》，"緣不知《行人》之九州即騶衍之大九州"，其所謂周制七千里爲九州，"當以九千里算之"。説見氏著《地球新義》《古學考》。

《王莽傳》：莽女爲后，十一媵，是天子一娶十二女。王莽晚自娶，則有百二十女。明係歆等附會誤説，然經無明文，盡可改正，鄭説六鄉、六遂，與《王莽傳》不同，是鄭君改其説。[①]乃造十五日進御（指爲君主所御幸）之説（見《周禮·天官·九嬪》鄭玄注："女御八十一人當九夕，世婦二十七人當三夕，九嬪九人當一夕，三夫人當一夕，后當一夕，亦十五日而徧云。"）。其注百事多略，惟此條最詳，推考變節，無所不至。

經所稱"孤"，本即世子（帝王和諸侯的嫡長子），指《春秋》齊、曹世子而言，乃以爲三孤（《書·周官》謂"少師、少傅、少保曰三孤"）；經所見諸"孤"字，皆非王臣，則又僞造大國孤一人之説，誤中又誤，夢中又夢。其注《儀禮》，至以"諸公"（廖平《禮運禮器郊特牲訂》謂"兩君相見爲諸公"）爲即"大國之孤"，"孤"何得稱"諸公"？

饗禮即鄉飲酒，明知今、古文"饗"皆作"鄉"，何不注於題下？乃以饗禮爲亡。饗禮，與鄉人飲酒禮節隆殺（shài。隆殺猶尊卑、厚薄、高下）不同。鄭明知漢時所行鄉人飲酒禮儀節簡，爲欲實《周禮》"鄉"字之説，亦遂以爲真鄉黨所行之禮（參本篇第五十七則）。

---

① 據《周禮·地官》鄭玄注：王城之外百里以内，分爲六鄉，每鄉設鄉大夫掌政務；百里之外二百里之内，分爲六遂，每遂設遂人掌政務。又《漢書·王莽傳》："分長安城旁六鄉，置帥各一人。分三輔爲六尉郡，河東、河内、弘農、河南、潁川、南陽爲六隊郡，置大夫，職如太守；屬正，職如都尉。"按，隊通"遂"。廖平比較分析鄭玄、王莽之説，詳氏著《經話甲編》。

李氏但詆其破壞家法,①不知即以專家論,鄭君於《周禮》《儀禮》已多不能通,又何論其於今、古相亂之旁失！考鄭於各經大綱,雖多不得本旨,舊頗稱其細節,如宮室、衣服儀節,實爲精密,然大端已誤,細節殊無足取。且進而考其細節,亦多因强附《周禮》而誤。余學專欲自明,不喜攻人,但鄭君空負盛名,實多巨誤。後生以之爲天人,望洋而歎,莫敢考索。故由鄭學入手者,如入迷途,久而迂謬成習,以所注之書,無一明通之條,後人讀之,如飲迷藥。爲後賢祛(qū,去除)疑起見,偶一言之,以示其例耳。

近來談學校者,力求簡約,爲士人省力,以爲讀西書之地。觀諸家所列諸書,仍無門徑、條理。過簡,則謂日月可完;少(稍)繁,則老死不能盡。且所列近人義疏,沈(同"沉")没於聲音訓詁,即使倍(通"背")誦如流,其於致用,奚啻千里！西人謂海王星光十二年方至地球,從諸賢仰望孔子,恐十二年其光仍不能到,以相去不止海王與地球之遠也。

五十三

近賢論述,皆以小學爲治經入手,鄙説乃易以《王制》。

---

① 李氏,指清代學者李兆洛;其詆鄭玄破壞家法之説,見氏撰《兩漢五經博士考序》(載張金吾《兩漢五經博士考》,《續修四庫全書》第 179 册,上海古籍出版社 2002 年版)。

通經致用,於政事爲近;綜大綱,略小節,不旬月而可通。推以讀經讀史,更推之近事,迎刃而解。

《勸學篇》(見本篇第四十八則脚注)言學西藝不如西政。近賢聲訓之學,迂曲不適用,究其所得,一知半解,無濟實用,遠不及西人之語言文字,可俾實效。讀《王制》,則學西政之義,政高於藝。

如段氏《説文》、王氏《經傳釋辭》①《經義述聞》②,即使全通其説,不過資談柄,繡鞶帨,③與帖括(指科舉應試文章,即八股文)之墨調濫套,實爲魯衛之政(語出《論語·子路》:"魯衛之政,兄弟也。"朱熹集注:"魯,周公之後。衛,康叔之後。本兄弟之國,而是時衰亂,政亦相似,故孔子歎之。")。語之政事、經濟,仍屬茫昧。國家承平,藉爲文飾休明(美好清明)之具,與吟風嘲月之詩賦,事同一律,未爲不可。若欲由此致用,則炊沙作飯,勢所不行。釋家有文學派,聲訓之訓,正如《龍龕手鑑》(遼僧行均撰,是一部爲研讀佛經而編撰的字書。全書共四卷。於《説文》《玉篇》外,多引佛經,網羅極富)《一切經音義》(解釋佛經詞語音義的著作。主要有兩種版本:一是唐釋玄應撰,二十五卷;二是

---

① 《經傳釋辭》,清王引之撰,訓詁學著作。全書共十卷。搜集經傳及先秦、漢人著作中虛詞共一百六十個,分字編次。按,該書刊印本作《經傳釋詞》,"辭""詞"字通。

② 《經義述聞》,清王引之撰,訓詁學著作。全書共三十二卷。主旨在考證經義,凡爲古人所誤解者,皆加以糾正,旁徵博引,力求得其本義。因書中訓釋多引其父王念孫之説,故以"述聞"名之。

③ 鞶,原作"鞶"。鞶,大帶。帨 shuì,佩巾。語出揚雄《法言·寡見》:"今之學也,非獨爲之華藻也,又從而繡其鞶帨,惡在《老》不《老》也?"據改。

唐釋慧琳撰,采玄應、慧苑等諸家經義,合而次之,共一百卷),枝中之枝。從《王制》入手,則如直指心原,立得成果。以救時言,《王制》之易小學,亦如策論之易八比(八比即八股文)、試帖(科舉考試中的一種詩體。大抵以古人詩句命題,冠以"賦得"二字,其詩或五言、七言,或八韻、六韻,在詩中自成一體)也。非禁人治訓詁文字,特不可湖没終身耳。

五十四

阮刻《學海堂經解》(又稱《皇清經解》。清道光年間兩廣總督阮元所輯叢書,刊於廣州學海堂。是書彙集清代學者解經之作共一百八十八種,一千四百零八卷),多嘉、道以前之書,篇目雖重,精華甚少。一字之說,盈篇累牘;一句之義,衆說紛紜。蓋上半無經學,皆不急之考訂;下半亦非經學,皆《經籍纂詁》(阮元主編的訓詁學著作,共一百零六卷。是書輯錄唐以前的訓詁注釋,彙集於每一字下,依韻編排)之子孫。凡事有末有本:典章流別,本也;形聲字體,末也。諸書循末忘本,纖細破碎,牛毛繭絲,棘猴楮葉,[1]皆爲小巧。

即《詩經》而論,當考其典章、宗旨,毛、鄭所説相去幾何,而辨論其異同之書,層見叠出。"樂"之爲樂、爲療,[2]"永"之

---

[1]　棘猴,典出《韓非子·外儲説左上》:古時有宋人請爲燕王在棘刺的尖端刻母猴。燕王發覺其虛妄,乃殺之。楮 chǔ 葉,典出《韓非子·喻老》:古時有宋人以玉刻的楮葉,放置在真正的楮葉中,竟無法辨別真偽。後以棘猴楮葉喻用巧技以假亂真。

[2]　見《毛詩·陳風·衡門》:"泌之洋洋,可以樂飢。"樂,毛傳讀作"安貧樂道"之"樂",鄭箋讀作"療"。按,療通"療"。《魯詩》《韓詩》"樂"作"療"。

爲羕、爲泳，①有何關係，必不可苟同？

以《尚書》論，今、古二家，宗旨在於制度，文字本可出入。不問辭，專考字；不問篇，專詳句；説“堯典”二字三萬言，詢以羲、和（羲氏、和氏的並稱，堯時掌天文星曆的官員。東漢馬融謂“羲氏掌天官，和氏掌地官，四子掌四時”）是何制度，茫然也。

近人集以爲《彙解》（即《皇朝五經彙解》，又稱《清儒五經彙解》。原題清抉經心室主人纂，搜采清儒説經之書二百八十七種，共二百七十卷），一字每條所收數十説，問其得失異同之故，雖老師宿儒不能舉。又如用其法以課士，一題説者數十百人，納卷以後，詢以本義究竟如何，舊説孰得孰失，論辨異同之關係何在，皆茫然不能對。

蓋嘗蹈没其中十數年，身受其困，備知其甘苦利害，以爲此皆不急之辨、無用之學（辨，通“辯”，辯説。見《荀子·天論篇》：“無用之辯，不急之察，棄而不治。”《荀子·非十二子篇》：“辯而無用。”），故決然舍去，別求所以安身立命之術。積久而得《王制》，握綱領，考原流，無不迎刃而解。以之讀羣經，乃知康莊大道，都會名區，絶無足音。考求舊游之車轍馬迹，亦不可得，徒見荆棘叢中，窮隘巷港，積屍如麻。非黑暗不見天日，則磨旋不得出路，父子師弟，相繼冤屈，而不自悟其非。蓋得其要領，則枝節自

---

① 見《毛詩·周南·漢廣》：“漢之廣矣，不可泳思。江之永矣，不可方思。”泳，南宋戴侗《六書故·地理三》引作“永”，注云“別作‘泳’”。永，《魯詩》作“羕”，《韓詩》作“漾”。羕、漾，長也。

明。且悟其旨歸，文字可以出入。苟循枝委（枝節末流），則治絲而棼（語出《左傳》隱公四年："臣聞以德和民，不聞以亂。以亂，猶治絲而棼之也。"棼，通"紊"，紊亂）。予深入網羅，幸而佚出，舉覆敗以爲後來告，願不似余之再入迷涂①也。爲今之計，以人才爲主，不願天下再蹈八比之理學、音訓之漢學，以困人才。

<h2 style="text-align:center">五十五</h2>

　　初以《王制》說《春秋》，於其中分二伯、八伯、卒正、監者，②同學大譁，以爲怪誕，師友譏訕、教戒不一而足。予舉二伯、方伯，《穀》《公》傳有明文。或乃以爲《穀》言二伯，但可言二伯；《公》言方伯，但可言方伯。積久說成，乃不見其可怪。

　　近日講《詩》《易》，亦群以爲言，不知實有所見，不如此萬不可通。苟如此，則證據確鑿，形神皆合，因多有後信。《詩》說改名"齊學"，自託於一家，亦以大統之說，《齊詩》甚多，非積十數年精力，盡祛群疑，各標精要，不能息衆謗而杜群疑。

　　昌黎（指韓愈。韓愈據先世郡望自稱昌黎人，故後世尊稱其爲昌黎先

---

①　迷途，原作"迷人"，據適園本改。
②　見《禮記‧王制》："千里之外設方伯。五國以爲屬，屬有長。十國以爲連，連有帥。三十國以爲卒，卒有正。二百一十國以爲州，州有伯。八州，八伯，五十六正，百六十八帥，三百三十六長。八伯各以其屬屬於天子之老二人，分天下以爲左右，曰二伯。天子使其大夫爲三監，監於方伯之國，國三人。"

生)爲文,猶不顧非笑(譏笑),何況千年絶學,敢徇世俗之情?
又初得一說,不免圭角(圭的棱角,比喻鋒芒。圭爲玉制禮器,上尖下
方)崚嶒,久之融化鋒鍔,漸歸平易,使能卒業。如三《傳》則安
置平地,任人環攻。世俗可與樂成,難與圖始。自審十年以
後,必能如三《傳》之化險爲夷,藏鋒斂刃,相與雍容揖讓,以
共樂其成,不敢因人言而自沮也。

五十六

盧(盧植,東漢末經學家、將領。少與鄭玄俱事馬融,能通古、今學。著
有《三禮解詁》《尚書章句》等)、鄭(鄭玄)之學,專以《周禮》爲主,因
《王制》與之相迕,故盧以爲博士所造,鄭以爲夏、殷禮。學者
不知爲仇口之言,深信其説,入於骨髓。竊治經以求實用爲
歸,違經則雖古書不可用,合經則即近人新作亦可寶貴。鄭君
斥《王制》爲古制,本爲祖《周禮》以駁異己,乃其《周禮注》内
外封國,本經缺略,反引《王制》以補其説。《左》《國》《孟》
《荀》,以周人言周制,莫不同於《王制》,與《周禮》迕。

北宫錡(戰國時衛人)明問周制,孟子答與《王制》同(詳《孟子
·萬章下》),則何得以爲夏、殷制?蓋因畿内封國,二書各舉一
端,孟子所舉上中卿、上中大夫、上中士,《王制》則專指下卿、
下大夫、下士。互文相起,其義乃全,《王制圖表》(廖平撰,後併入其
所撰《春秋圖表》中)中,立表已明。使二書同文,反失其精妙。説者

乃謂《王制》誤鈔《孟子》。此等瞽説，流傳已久，雖高明亦頗惑之，此經學所以不明也。

　　且鄭因《王制》異《周禮》而惡排之，不知二書不同，亦如《孟子》之異《王制》。《周禮》《王制》，分主大、小二統，互文相起，妙義環生，亦如《孟子》《王制》，妙在不同，彼此缺文，以互見相起。《周禮》非用《王制》大綱，且多缺略不能備。本骨肉至親，乃視等寇仇，此東漢以下所以無通才子。之所以不敢苟同昔賢者，正以見二書合通之妙。兄弟夫婦，形體相連，同室操戈，互鬩何時了也！

五十七

　　王刻江陰《續經解》(又稱《皇清經解續編》《南菁書院經解》。光緒年間江蘇學政王先謙所輯叢書，刊於江陰南菁書院。是書續收清代學者解經之作共二百零九種，一千四百三十卷)，選擇不精，由於曲狥(同"徇"，依從)情面與表章(即表彰)同鄉。前半所選，多阮刻不取之書，故精華甚少。後半道、咸諸書，頗稱精要。陳氏父子《詩書遺説》①，雖未經排纂，頗傷繁冗，然獨取今文，力追西漢，魏晉以來，無此識力。邵《禮經通論》(清邵懿辰撰。今存一卷，共十九篇。是

_____

　　①　《詩書遺説》，清代學者陳壽祺、陳喬樅父子輯録、考證三家《詩》、《今文尚書》遺説著作的合稱，内容包括《三家詩遺説考》《今文尚書經説考》《今文尚書序録》《尚書歐陽夏侯遺説考》，收入《左海續集》等叢書中。

書"闡明《禮》意,議論頗精",如認爲《儀禮》十七篇無殘缺等,"洵發先儒所未
發")以經本爲全,石破天驚,理至平易,超前絕後,爲二千年未
有之奇書。

　　考東漢以來,惟經殘秦火一說,爲庠序(泛指學校。典出《孟
子·梁惠王上》:"謹庠序之教。"趙岐注:"庠序者,教化之宫也。殷曰序,周曰
庠。")洪水猛獸,遺害無窮。劉歆《移書》(即劉歆《移書讓太常博
士》,或稱《移太常博士書》,載《漢書·劉歆傳》)但請立三事(王先謙《漢書
補注》:"三事謂《左氏春秋》《古文尚書》《逸禮》也。"),廣異聞,未當倡言
六經爲秦火燒殘。古文家報復博士,乃徐造博士六經不全之
說。詳《古學考》(廖平撰,二變時期代表作。在《闢劉篇》基礎上改訂而成,
旨在明古學之僞)。妄補篇章,虛擬序目,種種流毒,原是而起。
且自經殘一說盛行,學人平時追憾秦火,視諸經皆爲斷簡殘
篇,常有意外得觀全文之想。其視經已在可增可減、可存可亡
之例,一遇疑難,不再細考求通,有秦火一說可以歸獄。故東
漢以下,遂無專心致志推究遺經之人。殘經在可解不可解之
間,安知所疑所考者,不適在亡篇内? 故經殘一說爲儒門第一
魔障。

　　余因邵說,乃持諸經皆全,亦備爲孔修。蓋授初學一經,
首飭之曰:經皆全文,責無旁貸。先求經爲全文之所以然,力
反殘佚俗說,然後專心致志,精誠所至,金石爲開,專一之餘,
鬼神相告。故學者必持經全,扎硬營,打死仗,心思一專,靈境
忽闢,大義微言,乃可徐引。故予以邵書爲超前絕後,爲東漢

下暗室明燈。鄭以饗禮爲亡,不知"饗"即本經之"鄉飲酒禮"。別有《饗禮補釋》二卷(廖平撰。是書旨在論證鄉人飲酒禮亡,而饗禮固未亡。今未見此書)。

五十八

初刊《今古學考》(見本篇第四十九則箋注),説者謂爲以經濟(廖平謂"經濟爲古制度學,後人統稱之曰禮",見氏著《群經總義講義》第七課《開士智》)解經之專書,天下名流因本許(古文經學家、文字學家許慎)、何(今文經學家何休),翕(xī,翕然,一致)無異議。再撰《古學考》,外間不知心苦,以爲詭激求名。嘗有人持書數千言,力詆改作之非,並要挾以改則削稿,否則入集,一似真有實見,堅不可破者。乃杯酒之間,頓釋前疑,改從新法,非《莊子》所謂是非無定?

蓋馬(馬融)、鄭(鄭玄)以孤陋不通之説,獨行二千年,描聲繪影之徒,種種囈夢,如塗塗附(如同污泥一樣塗附。語出《詩·小雅·角弓》:"毋教猱升木,如塗塗附。")。自揣所陳,至爲明通,然我所據,彼方持以自助,何能頓化? 彼既入迷已深,化虛成是,舉國皆狂,反以不狂爲狂。然就予所見,海內通人,未嘗相迕。蓋其先飲迷藥,各人所中經絡不同,就彼所持,一爲點化,皆反戈相向。歷考各人受病之方,投之解藥,無不立蘇。但其積年魔障,偶爾神光,何能竟絕根株? 一暴(同"曝")十寒,群邪復聚,所持愈堅。又或如昌黎《原毀》,爭意見不論是非,聚蚊成雷,①先入固閉,自樂其迷,願以終老。

當此,惟啜(chuò,食)糟自裸(通"灌",飲也。語本《楚辭·漁父》:"衆人皆醉,何不餔其糟而歠其醨?"王逸注:"從其俗也,食其禄也。"),和光同塵(含斂光芒,混同塵世,隨俗而處。典出《老子》第五十六則:"和其光,同其塵。")。蓋彼既無求化之心,不能與之莊語(見《莊子·天下》:"以天下爲沈濁,不可與莊語。"王先謙集解:"莊語,猶正論。")。萬物浮沈(同"沉"),各有品格,並育並行,何有定解哉!

五十九

通經致用,爲儒林之標準。漢儒引《春秋》折獄(斷決獄訟),立明堂,議辟雍(見本篇第四十七則腳注),各舉本經以對。博士明達政體,其官多至宰輔。

余既立《王制》,以掃一切支離破碎無用之説、不急之辨。以《王制》爲經,以《典》《考》諸書爲之傳説。② 習《王制》者,先考《通典》,《通典》既通,然後再爲推廣,提綱挈領,期一年

---

① 聚蚊成雷,典出《漢書·中山靖王劉勝傳》:"大衆煦漂山,聚蟁成靁,朋黨執虎,十夫橈椎。"顏師古注:"蟁,古蚊字。靁,古雷字。言衆蚊飛聲若有雷也。"因用以喻衆口詆毁,積小可以成大。

② 據廖平《經話甲編》卷一載,廖平曾約尊經同人撰《王制義證》,以杜佑《通典》、秦蕙田《五禮通考》所引經、傳、子、史爲證,但"稿已及半,後乃散失"。

(一周年)即可畢工。《通典》先經後史,源委分明,經史精華,皆在於是。

　　《典》《考》之學,尤以輿地一門爲先務。所有職官、封建、井田、學校、選舉、兵制、食貨,治法大端,輿地在先,而後諸政因輿地而起。古今解經,必先疆域一門,而後諸事隨之而立。說《春秋》《尚書》者,必先考《禹貢圖》①;說《詩》《易》者,必先考車輻圖②。今於上卷附《禹貢圖》,下卷末附《車輻圖》,以示學人入門之捷徑。《春秋》《尚書》,皆所以明五千里内之政事;《詩》《易》,皆所以明方(方爲計量面積用語,指縱横的長度)三萬里之政事。

　　《典》《考》既通,如有餘力,各隨所近,推之別門。不能旁及,但明《典》《考》,亦不失爲通儒。

六十

　　古人讀書,有闕疑、存疑兩條,所以愛惜精力,使得專心要

---

　　①　《禹貢圖》,與《書·禹貢》篇相配的地圖,疑在《尚書》成書時即已編入,然宋以前所繪之《禹貢圖》均已佚。參廖平《春秋圖表》《書經周禮皇帝疆域圖表》所載相關《禹貢圖》。

　　②　車輻,本指車的輪輻。古書中不乏相關記載。《周禮·冬官考工記》:"輪輻三十,以象日月也。"《老子》第十一章:"三十輻共一轂。"《周禮》謂之廣輪,《易》謂之大輿,《詩》謂之大車、大路,等等。廖平《書經大統凡例》等認爲,"經義以輪輻取象地球圓轉運行",故以車輻圖爲全球三萬里大統之治法。參《皇帝疆域圖表·考工記輪輻三十以象月圖》等。

理。諸葛武侯讀書，但觀大意，政事文章，超前絶後，蓋以此也。

近賢不務大綱，喜矜小巧。如孔子生卒考，舊有兩説，參差不同，苟通其意，數言可了。孔氏著爲專書（清孔廣牧撰有《先聖生卒年月考》二卷，收入《皇清經解續編》），海内矜爲秘本，轉相傳刻，學者閲讀已畢，詢其所以然之故，諸説紛紜，迄不能明，是有書如無書也。近人《長江圖説》（清馬徵麟撰，共十二卷），以文字説古地名，輾轉附會。苟用其法，雖以《禹貢》全域説在蜀亦可，俗謔所謂"山水遷居"者也。

六十一

壽陽祁相國①約諸名士，以其先人"祁奚（春秋時晉大夫）字黄羊"命題，使各撰一篇。諸名士以聲音通假説之，將三字互相改變，至數十説，迄無定解。苟用其法，無論諸人各衍一説，使一人操筆，衍爲數十百説，亦數日可成。此真所謂畫鬼神爲兒戲。在壽陽幾於玩弄其先人，乃互相傳刻，以爲美譚（通"談"）。

---

① 祁相國，即祁寯藻（1793—1866），字叔穎，一字實甫，號春圃，清山西壽陽人。官至户部尚書、體仁閣大學士。平生提倡樸學，延納寒素，爲士林推崇，稱"壽陽祁相國"。

經傳草木鳥獸，既今、古變種異名，又南北方輿（方輿指大地、地方）同異，專好矜奇炫博、漫衍魚龍。① 即如九穀②養生之原，人所易知，《九穀考》（清程瑤田撰，共四卷）演爲圖說，集成卷帖，說者竟茫然不能指實。邵氏《爾雅》（指邵晉涵《爾雅正義》，爲《爾雅》注釋著作，共二十卷）有闕疑不說之條，郝氏（指郝懿行，著有《爾雅義疏》）乃舉其闕略者，悉爲衍說。當時以郝氏晚出，後勝於前，積久考其所補諸條，實恍惚無實用，故近人轉謂邵勝於郝。

"行有餘力，則以學文"（《論語·學而》），使綱舉目張，未爲不可。乃諸家謙讓未遑，以識小自居，謬種流傳，遂以小加大，若天地至要至急之物無過於此。不知《典》《考》之學，綱領最爲詳明，苟得要領，事半功倍。諸賢所望而生畏者，乃實簡要；所擇居之下流，乃實萬難。此等不急之辨，無用之學，《莊子》比之棘猴楮葉（見本篇第五十四則脚注）。③

余於《周禮凡例》（當指《周禮新義凡例》），標《闕疑》一門，凡一切古有今無，及古法失傳之事，皆存而不論。削除荆棘，自

---

① 漫衍魚龍，又作"魚龍漫衍"。古代百戲雜耍名，此指玩弄雜耍，變化莫測。典出《漢書·西域傳贊》："設酒池肉林以饗四夷之客，作《巴俞》都盧、海中《碭極》、漫衍魚龍、魚抵之戲以觀視之。"漫衍即張衡《西京賦》所云"巨獸百尋，是爲漫延"，魚龍爲舍利之獸（顔師古說）。

② 九穀，典出《周禮·天官·大宰》："以九職任萬民：一曰三農，生九穀。"鄭玄注："鄭司農云：'九穀：黍、稷、秫、稻、麻、大小豆、大小麥。'九穀無秫、大麥，而有粱、苽。"

③ 按，"棘猴楮葉"典故非出《莊子》，實出《韓非子》。

顯康莊,不再似前人之説夢鈴癡(即詅 líng 癡,没有才學而好自誇的
人。詅,叫賣)也。

六十二

漢人今、古二派,今作古述。竊以述爲主《左》《國》,作爲
主《列》《莊》。

考《公》《穀》説經,直稱傳説,以經主孔子,以傳主先師,
稱心而譚,自我作古,此博士專主孔子制作六經之本旨也,其
弊也悍肆游移。

《左》《國》立説以矯之,務以各經歸之古人。《易·文
言》之四德(指元、亨、利、貞四德),《春秋》之義例,《論語》之"克
己復禮"(《論語·顏淵》)之類,有孔子明文者,皆歸之春秋時人,
如穆姜(魯成公之母)、申須(魯大夫)、子産(即公孫僑,字子産,鄭大
夫)、叔向(即羊舌肸,字叔向,晉大夫)之類,班氏所謂"不以空言説
經"(《漢書·藝文志》)者也。古學專主此派,舉六藝一概歸之古
人。

至於《列》《莊》,則以六經爲芻狗(見本篇第五則脚注),諸書
爲糟粕,託辭詆譏,其實所詆,非實孔子,蓋謂《左》《國》所言
之孔子。如《左》《國》以孔子爲傳述家,雜取皇、帝、王、伯舊
事陳言,收藏傳述,如昭明(指昭明太子蕭統〔501—531〕,南朝梁武帝之

長子。所輯《文選》爲我國現存最早的詩文總集)之《文選》、呂東萊①之《文鑑》,拾人牙慧,不得與於作者之林。六藝分崩瓦解,殘脱割裂,如近人經説,於删《詩》、修《春秋》、序《書》,皆攻其説而不信,以六經皆原文,於孔子毫無相干,然其弊也庸昧顢頇(mānhān,昏庸糊塗)②。

二説關分兩門,互有利弊。《莊》《列》之説爲微言,《左》《國》之學爲大義。古文家孤行千餘年,其害於學術政事與八股等。微言之學,經始萌芽,行之既久,不能無弊。

經説有文質相救之法,文敝繼以質,質敝繼以文。當其文質初改之日,弊已深,不能不改,亦不敢謂所改者之無弊。陰陽寒暑,循環反復,相反相成。蓋《左》《國》大義近於文,《莊》《列》微言近於質。中國文法,二千餘年而易以質;古文之説,亦二千餘年而易以今。事實相因,宗旨亦相同也。

六十三

經學與史學不同:史以斷代爲準,經乃百代之書。史泛言考訂,録其沿革,故《禹貢錐指》(清胡渭撰。原本題二十卷,實二十六

---

① 呂東萊,即呂祖謙(1137—1187),字伯恭,南宋婺州金華(縣治今浙江金華)人。因郡望爲東萊,世稱東萊先生。著有《春秋集解》《左氏博議》《左氏傳説》《左氏傳續説》《東萊集》等,編有《宋文鑒》。
② 顢頇,原作"顢頇",據適園本改。

卷。是書於"歷代義疏及方志、輿圖,搜采殆徧;於九州分域、山水脈絡、古今同異之故,一一討論詳明"）《春秋大事表》(清顧棟高撰。"是書以《春秋》列國諸事,比而爲表",凡百三十一篇,五十二卷)皆以史説經,不得爲經學。

讀《禹貢》,須知五千里爲百世而作,不沾沾爲夏禹之一代而言,當與車輻圖(見本篇第五十九則脚注)對勘。詳内八州,而略要、荒(要服和荒服,均爲《禹貢》所謂五服之一)十二州,以《禹貢》沿邊要、荒不更別立州名之内。外十二州山水部屬,實附見於内八州。中九州惟豫、兖不見"夷"字,夷、蔡皆要、荒小服(見《禹貢》:"五百里要服:三百里夷,二百里蔡。"),附見邊州,非謂内州之夷。其叙九州,用大乙行九宫法,[1]始東北[2],終西北,每正方見岳名,餘附岳名以見。徐牧附東岳,諸州可例推。五服加三即爲九畿圖,九畿三倍乃爲車輻圖。[3]

《春秋》以九州分中外,是《春秋》以前,疆域尚未及三千

---

[1] 大乙,即太乙或太一,北極神的别稱。九宫,指術數家所指的九個方位,以離、艮、兑、乾、巽、震、坤、坎八卦之宫,加上中央,合爲九宫。九宫八卦的配置歌訣爲:"一數坎兮二數坤,三震四巽數中分,五爲中宫六乾是,七兑八艮九離門。"太乙行九宫法,詳《靈樞·九宫八風》《周易乾鑿度》鄭玄注。

[2] 東北,原爲夾注,據文意改爲正文。

[3] 據《周禮·大司馬》載,王畿外圍,自内而外,有侯、甸、男、采、衛、蠻、夷、鎮、蕃(通"藩")九畿(又稱九服)。畿,界限,疆域。廖平大統説認爲,侯、甸、男、采、衛五服,蠻、夷、鎮三服,加上王畿,共九畿。蕃(藩)又包藩、垣、屏、翰、寧、城六畿(説本《詩·大雅·板》《漢書·王莽傳》等)。每畿均爲千里。前述九畿方九千里,直徑三倍之(面積則九倍之),即爲方二萬七千里之大九州(皇九州),加上蕃國,"充之則滿三萬里"。又,九畿加上六畿,合兩面共三十輻,亦爲方三萬里。此即所謂"車輻圖"。説詳廖平學説、黄鎔撰輯《九州經傳通解》《皇帝疆域圖表》等。

里。《春秋》收南服（南方新收服區域，指荆、徐、梁、揚四州），乃立九州，不及要、荒，《尚書》乃成五千里定制，"周公篇"（見本篇第六則腳注）又由海內以推海外，此皆《禹貢》之微言大義。胡氏（指清人胡渭，著有《禹貢錐指》）概不詳經義，泛泛考證，故以爲史學，而不足以言經學。

六十四

　　經書以物、理爲二大門，《尚書‧禹貢》爲物之主，《洪範》爲理之本，以《禹貢》爲案，而以《洪範》推行之。《禹貢》略如漢學，《洪範》略如宋學。一實一虛，一物一事。《大學》："物有本末，事有終始。"據《禹貢》以言物，乃知漢師破碎支離之不足以爲學；據《洪範》言理，乃知理由事出，宋人空虛惝恍（惝，chǎng 或 tǎng。惝恍，恍惚）之不足以爲學。《尚書》此二篇，與諸篇體例不同，乃群經之總例，不但爲《尚書》發。以此立學，明白簡要，與漢、宋同床異夢。

六十五

　　《古制佚存凡例》（又稱《四代古制佚存凡例》，收入廖平《群經凡例》）與春秋時人載記所傳，皆言清行濁，故於古制分新舊例。凡古事與經不同者，皆爲真古事。以《禮》《樂》二經出於孔修,如同姓昏(見本篇第二十五則"同姓婚"箋注)、三年喪(見本篇第十四則"三年"箋注)、親迎(見本篇第十四則箋注)、喪服、烝報(亂倫之行。淫及上輩爲烝,淫及下輩爲報)諸條,其明證。

劉 dào 室主人(近代民主革命家、思想家章炳麟的別號)引東昏(南齊東昏侯蕭寶卷)、齊高(北齊高氏)、隋煬(隋煬帝楊廣)[①]爲據,謂《禮》《樂》已定之後,未嘗無怪誕狂亂之人。竊以擬非其倫,所引諸人,皆後世所謂人面畜鳴(又作"人頭畜鳴"。典出《史記·秦始皇本紀》:胡亥"誅斯、去疾,任用趙高。痛哉言乎! 人頭畜鳴。"張守節正義:"言胡亥人身有頭面目,能言語,不辨好惡,若六畜之鳴。"),亡身喪家,當時群相叱怪,後世引爲大戒。若周穆王、齊桓公、魯昭公、哀公、子張、子貢所行所疑,何得以惡鴟怪獸相比倫! 禮喪必去官,《春秋》記魯大夫父死,子即服事出使;禮不世卿(世襲爲卿大夫),列國卿大夫幾無不世者。在當時爲通行,與高澄(東魏權臣高歡之子。官居相國,受封齊王。後密謀受禪,遇刺身死)、東昏、隋煬,千萬中不得一二者迥殊。

因其相攻,本義愈顯,故予以春秋以前之中國,即今日之西人。如齊桓姑姊妹不嫁者七人,衛宣、楚靈上烝下報者,西人近絶無其事。蓋其通商已近三百年,耳濡目染,漸革舊俗。今日之西人,實較春秋前之中人爲文明,是古非今,俗説與情事正相反。

---

① 隋煬,原作"隨煬",據文意改。下同。

六十六

　　古學祖劉歆，以周公爲六藝主，孔子爲傳述家，所言事事與《移書》相反。蓋《移書》本用博士舊法，以六藝歸之孔修，首以微言大義歸之孔門。若如馬、鄭諸家，既不主孔子，更何有微言大義之可言？

　　每經皆有義例，在文字之外，如數術之卜筮，以及鐵板數（又稱鐵板神數。古代的一種占筮術。據稱凡事皆有定數，故名鐵板）、《青囊經》①，皆別有起例，在本書之外。不得本例，但望文生訓，如何能通？不惟經説，即李義山②、吳梅村③詩集，作注者必先於本文之外，詳其時事、履歷、性情、嗜好，並其交游贈答④、當時朝廷盛衰、政輔忠佞，然後能注。區區後人文詩，千萬不足與經比，猶於文字外，無限推索，方能得其本旨。

　　乃東漢以下之經學，則不必先求本師，預考文例，但能識

<hr>

　　①　《青囊經》，又稱《青囊中書》。是一部介紹卜筮、風水的著作。相傳爲晉郭璞得自隱士郭公。蓋青爲木之徵，爲五行之始，"始青之下，囊括萬象"，故稱《青囊經》。

　　②　李義山，即李商隱（約813—約858），字義山，號玉谿生，唐懷州河内（今河南沁陽）人。著有《李義山詩集》，有朱鶴齡、姚培謙、葉葱奇等注本。文集已散佚，後人輯有《樊南文集》《樊南文集補編》。

　　③　吳梅村，即吳偉業（1609—1672），字駿公，號梅村，明末清初南直隸太倉（今屬江蘇）人。著有《梅村集》等，其詩集有靳榮藩、吳翌鳳等注本。

　　④　贈答，原作"贈達"，據文意改。

字解義,按照本文,詳其句讀,明其訓詁,即爲經説,真所謂望文生訓! 不求其端,不竟其委,但能識丁,便可作傳。除《公羊》外,今所行之十二經注疏,一言以蔽之,曰望文生訓而已! 靳(即清人靳榮藩,著有《吳詩集覽》)注《吳集》,相去未遠,文字之外,究心實多。以今日初識筆畫之童蒙,説古昔聖神之微旨,而謂如盲詞(民間説唱詞。其演唱者多爲盲人,故稱)、市簿(市場上的記賬本),一見能解,一聞能知,豈不哀乎! 學者亦嘗假四字以爲説,實則阮、王二刻,能逃望文生訓者,寧有幾人?

蓋欲求義例,必先有師;不能得師,必先於各經先師傳説義例,未讀經先考之至精至熟,然後可以讀經。此法久絶,合宇内老師宿儒,誰能免此弊? 劉歆初言微言,後力反其説。願學者讀漢臣劉歆書,勿用新室(王莽代篡奪漢稱帝,國號曰新。後因稱其王朝爲"新室")劉秀(即劉歆,漢哀帝建平元年改名秀,以應圖讖)顛倒六經之法也。

六十七

井研庚子(1900)新修《縣志》,所撰《四益叢書》,備蒙采入《經籍志》①,四部共百四五十種。參用《提要》(即《四庫全書總目提要》,紀昀等編纂,共二百卷。是書以經、史、子、集四部編排,收録《四庫全

---

① 《經籍志》,庚子版《井研縣志》作《藝文志》。

書》著録書、存目書提要）及《經義考》（清朱彝尊撰，共三百卷。是書統考歷代經義之目，按諸經分類編排，是一部重要的經學目録著作）之例，序跋之外，別撰提要。子姓、友朋、及門（見本篇第五則箋注）分撰者，各録姓名。先曾爲序例，《志》本以文繁，多從删節。又家藏本如《楚詞》、文集之類，續有增補。《詩》《易》二經，舊説未定，亦多删改。然庚子以前所有著述，《縣志》詳矣。家藏本存以待改，將來刊刻必與《志》本有同異，然小、大二統規模，《志》本粗具矣。

六十八

宋、元、明理學家皆有《學案》，予於《今古學考》外，別撰《兩漢學案》四卷（今未見此書）。西漢主微言，東漢主大義。大義主《左》《國》，微言則主《列》《莊》。

蓋《左》《國》以孔子爲述，爲不以空言説經之舊法。主持此説，必須用《論語》"好古""敏求""擇改"①並行之説。六藝雖爲舊文，孔子手定，别黑白，定一尊，凡沿革與不善之條，悉經删削，蓋於歷代美善，皆别與定一尊。如田賦取助法，夏、周

---

① 見《論語·述而》："子曰：'述而不作，信而好古，竊比於我老彭。'……子曰：'我非生而知之者，好古，敏以求之者也。'……子曰：'三人行，必得我師焉。擇其善者而從之，其不善者而改之。'……子曰：'蓋有不知而作之者，我無是也。多聞，擇其善者而從之；多見而識之，知之次也。'"

皆以公田説之，而貢、徹之法不取；①如譏世卿，《詩》與《春秋》同書尹氏；②如行夏時（語出《論語・衞靈公》："顔淵問爲邦。子曰："行夏之時，乘殷之輅，服周之冕，樂則《韶》舞。'"），四代經文皆以夏時爲正。《周禮》仍爲大統皇帝之法，以《論語》"行夏時"及"述而不作"二章、"子張問十世"章爲主，擇改因革，大有經營，特本舊文，即爲述古。

六藝合通，全由筆削，不可如東漢古文説經，皆文、周、國史原文，未經孔定，雜存各代，沿革芬（通"紊"，紊亂）亂。如《詩》以爲舊有撰人，可也；但既編定，則編書之意，與作者不必全同。舊本歌謠，孔修後遂成爲經。《書》本多，斷定二十八篇，則變史爲經。其與《列》《莊》分別之處，則微言派直以六藝皆新文，並非陳迹芻狗過時之物。託之帝王，即《莊子》"寓言"。如《春秋》《論語》所譏，皆爲新制，孔子以前，並無以言立教之事，周公舊制，未傳爲經。

故一作一述，小異大同，亦如地靜地動，晝夜寒暑，莫不相

---

① 貢、助、徹，夏、商、周三代的田賦制度。語出《孟子・滕文公上》："夏后氏五十而貢，殷人七十而助，周人百畝而徹，其實皆什一也。徹者，徹也。助者，藉也。龍子曰：'治地莫善於助，莫不善於貢。'"徹，鄭玄釋曰："通也，爲天下之通法。"藉，趙岐注曰："藉者，借也，猶人相借力助之也。"廖平論六經於田賦取助法，參氏著《遊戲文・〈詩〉云"雨我公田遂及我私惟助爲有公田由此觀之雖周亦助也"義》。

② 見《詩・小雅・節南山》："尹氏大師，維周之氏。"《詩・大雅・常武》："王謂尹氏，命程伯休父，左右陳行。"《春秋》隱公三年："夏四月辛卯，尹氏卒。"《公羊傳》："尹氏者何？天子之大夫也。其稱尹氏何？貶。曷爲貶？譏世卿，世卿非禮也。"《穀梁傳》略同。

同。二説循環,互相挽救。如古文專以六藝屬古人,不言審定折中、以新代舊、變史爲經,則其病百出,萬不敢苟同者也。

六十九

嘗以《春秋》《書》《詩》《易》四經比於套杯,以《書》容《春秋》,以《詩》容《書》,故舊説莊子、董子,皆以《易》與《春秋》對言。原始要終,而《詩》《書》《禮》《樂》四教在其内。

以《大學》比諸經宗旨,《春秋》爲家,《尚書》爲國,《詩》《易》乃爲天下。《詩》爲下,《易》爲天,以《詩》詳地球,《易》言天道。蓋以大一統言之,“普天之下”(語出《詩·小雅·北山》。《毛詩》作“溥”,通“普”),乃爲天下,則“國”字爲中國之定解。

以禹州(即《禹貢》九州)爲國,以王畿爲家,《春秋》書王室亂,合六經論之,則王室爲《春秋》標目。三千里爲家,五千里爲國,方三萬里爲天下,三十六《禹貢》(《禹貢》指《禹貢》五服之地,方五千里),九九畿(九畿見本篇第六十三則脚注),然後爲天下,是家室爲《春秋》標目。

凡《詩》《易》中所言室、家、王家、王庭、王廟,皆指《春秋》《周禮》之《禹貢》、九畿;所謂大家、富家,則指皇帝。凡國,如王國、南國、邦國、下國、四國、大邦之類,一國爲一王,一王爲一《禹貢》,以國屬王,一定不移。二帝爲后,中分天下,三皇乃爲至尊。群經不言皇者,皆以天代之。凡言天下、言天

子,皆爲大統之正稱。小統借用其說,遂失本義。以家、國、天
下比四經疆域,必得此説,而後《大學》之義顯,群經宗旨乃以
大暢。

<h1 style="text-align:center">七十</h1>

　　未修《春秋》今所傳者,惟《公羊》"星隕不及地尺而復"
(《公羊傳》莊公七年原作:"不修《春秋》曰:'雨星不及地尺而復。'君子修之
曰:'星霣如雨。'"復,返回。霣,通"隕")一條,及《左傳》"不書"數
條。學者皆欲搜考未修底本,以見筆削精意,文不概見,莫不
嘆惜。即今日而論,得一大例,足以全見未修之文。

　　蓋孔子未生以前,中國政教與今西人相同;西人航海梯山
(渡過大海,攀越高山)入中國以求聖教,即《中庸》"施(yì,延)及蠻
貊(mò。蠻貊本指古代南方和北方部族,泛指四方少數民族)"之事。聖
經中國服習,久成爲故事,但西人法六經,即爲得師,故不必再
生孔子。今日泰西,中國春秋之時,若無所取法,天故特生孔
子垂經立教,由中國及海外,由春秋推百世,一定之例也。

　　西人儀文簡略,上下等威(與一定身份、地位相應的威儀),無甚
差別,與中國春秋之時大致相同。孔子乃設爲等威,絕嫌疑,
別同異。"惟名與器,不可假人"(語出《左傳》成公二年,原作:"仲尼
聞之曰:'惜也,不如多與之邑。唯器與名,不可以假人,君之所司也。'"),由
孔子特創之教,故《春秋》貴賤、差等斤斤致意也。《論語》旅

泰山（旅，陳列祭品而祭。見《論語·八佾》：“季氏旅於泰山。子謂冉有曰：‘女弗能救與？’對曰：‘不能。’子曰：‘嗚呼！曾謂泰山不如林放乎？’”）、舞佾（見《論語·八佾》：“孔子謂季氏，‘八佾舞於庭，是可忍也，孰不可忍也？’”）、歌《雍》（見《論語·八佾》：“三家者，以《雍》徹。”）、塞門、反坫，①上下通行，孔子嚴爲決別，故譏之以起義，當日通行，並不以爲僭。又如西人以天爲父，人人拜天，自命爲天子；經教則諸侯以下不郊天（郊外祭天），帝王乃稱天子。西人君臣之分甚略，以謀反、叛逆爲公罪；父子不相顧，父子相毆（通“毆”），其罪爲均；貴女賤男，昏姻自行擇配；父子兄弟如路人；姓氏無別，尊祖敬宗之義缺焉。故孔子特建綱常，以撥其亂，反之正。“百世以俟”（《禮記·中庸》），正謂此耳。

---

① 塞門，用以遮蔽内外視綫的短墻，猶屏風、照壁之類。坫 diàn，古代築在廊廟内兩柱間的土臺。反坫，返爵之坫。古代諸侯相會，宴飲禮畢，將空酒杯放回坫上。典出《論語·八佾》：“‘然則管仲知禮乎？’曰：‘邦君樹塞門，管氏亦樹塞門。邦君爲兩君之好，有反坫，管氏亦有反坫。管氏而知禮，孰不知禮？’”

自 跋 *

　　此册作於戊子(1888)，蓋纂輯同學課藝而成，在廣雅(即廣雅書局，1887 年時任兩廣總督張之洞創辦於廣州)時傳鈔①頗多。壬辰(1892)以後，續有修改。借鈔者衆，忽失不可得。庚子(1900)於射洪得楊絢卿茂才(茂才又稱秀才，指府、州、縣學的生員)己丑(1889)從廣雅鈔本，略加修改，以付梓人。此册流傳不一，先後見解亦有出入，然終以此本爲定云。

　　辛丑(1901)五月十五日，季平自識。

---

*　自跋，原無，係校注者所加。

①　傳鈔，原爲夾注，據文意改爲正文。

鄭　跋 [*]

　　甲辰(1904)《四變記》成，以《易》《樂》《詩》爲哲理之天學，《書》《禮》《春秋》爲實行之人學。三變大、小(指大統、小統)，亦更精確。詳於《四譯館四變記》、《天人學考》、《尚書》《周禮》《楚辭》《山經》疏證等編。此册師席本不欲存，及門以存此踪迹，以爲學者階級(階段)，因並存之，而附記於此。

　　受業鄭可經識。

----

[*]　鄭跋，原無，係校注者所加。

知聖續篇

廖平　著

曾海軍　潘林　校注

知聖續篇自序*

　　初用東漢舊法（指東漢經今、古學之分），作《今古學考》（見《知聖篇》第四十九則箋注）。今主《王制》（《禮記》篇名），古主《周禮》。一林二虎，合則兩傷，參差膠輵（gé。又作"膠葛"。交錯紛亂貌），疑不能明。

　　戊戌（1898）以後，講皇帝之學（廖平所主理論，論全球治法。與王伯學相對，後者論中國治法），始知《王制》專詳中國，《周禮》乃全球治法，即外史（史官名。下同）所掌三皇五帝（見《知聖篇》第十一則脚注）之典章。土圭之法（土圭，古代用以測日影、正四時和測度土地的器具。見《周禮·地官·大司徒》："以土圭之法，測土深，正日景，以求地中。"），鄭注用緯書"大地三萬里"說之。①《大行人》藩以内（《周禮·秋官·大行人》："九州之外，謂之藩國。"則"藩以内"即戰國齊人鄒衍所稱之

---

　　*　自序，原無，係校注者所加。

　　①　見《尚書緯·考靈曜》："地與星辰四遊升降於三萬里之中。"鄭玄注："地厚蓋三萬里，春分地正當中，自此漸下，夏至下遊萬五千里，地上畔與天中平，後漸向上；秋分當中，自此漸上，冬至上游萬五千里，地下畔與天中平，後漸向下。"

九州。按，"蕃"通"藩"），皇九州（即鄒衍所稱大九州，見《知聖篇》第六則脚注）九九八十一，即鄒衍①之所本，故改今、古（今學、古學）爲大、小（大統、小統，又稱大一統、小一統）。所謂《王制》今學者，王霸小一統也；《周禮》古學者，皇帝大一統也。一內一外，一行一志（即小統説爲"行事"，大統説爲"空言"）；一告往（小統説已付實踐），一知來（大統説俟後世而行）；一大義，一微言。經傳記載，無不貫通。因本《詩》《易》，再作《續篇》。

　　方今中外大通，一處士橫議（語出《孟子·滕文公下》："聖王不作，諸侯放恣，處士橫議，楊朱、墨翟之言盈天下。"）之天下，東南學者不知六藝（見《知聖篇》自序脚注）廣大，統綜六合②，惑於中外古今之故，倡言廢經。中士（中國人士）誤於歧途，無所依歸，徘徊觀望，不能自信。此篇之作，所以開中土之智慧，收異域之尊親。所謂前知（見《禮記·中庸》："至誠之道，可以前知。"）、微言（見《漢書·劉歆傳》所載《移書讓太常博士書》，原作："夫子没而微言絶，七十子終而大義乖。"）者，不在斯歟？ 將來大地一統，化日舒長（見宋代吕陶七律詩《城西龍祠》之二："隼旟莫倦徘徊久，化日舒長未夕輝。"），五曆（五曆或指廖平所主"五運"説，見本篇第二則"五運"脚注）周流，寒暑一致，至聖之經營，與天地同覆幬（dào。覆幬指覆蓋）。六藝《春秋》小始，《易

---

　　① 鄒衍（約前305－前240），又作"騶衍"。戰國時齊人，陰陽家代表人物。深觀陰陽消息，倡九州説、五德終始説。因其言論"迂大而閎辯"，時人稱之爲"談天衍"。著有《鄒子》《鄒子終始》，已佚。下"鄒子""鄒氏"同此。
　　② 六合，指天地四方。廖平用六合以内專指人學，六合之外專指天學。語出《莊子·齊物論》："六合之外，聖人存而不論；六合之内，聖人論而不議。"

象》(即《易經》,见《知聖篇》第三十三則脚注)大終,由禹甸(本指禹墾闢之地,後指中國之地。典出《詩·小雅·信南山》《詩·大雅·韓奕》:"維禹甸之。")以推六合者,其説皆具於《周禮》。正浮海洋,施之運會,驗小推大,①俟聖(語出《禮記·中庸》:"質諸鬼神而無疑,百世以俟聖人而不惑。")之義始顯。時會所值,不能笑古人之愚,而緣經立説,理據章明,亦不敢因知我者希(同"稀"),而遂自阻也。

光緒壬寅(1902)孟冬,則柯軒主人(廖平五十歲前後的別號)序。

―――――――

① 驗小推大,廖平特指自小統推擴到大統,小、大二統本爲一致。語本《史記·孟子荀卿列傳》:"其語閎大不經,必先驗小物,推而大之,至於無垠。"

知聖續篇

一

小康王道主《王制》，大同帝德主《帝德》。二篇同在《戴記》，①一小一大，即小大共球②之所以分。

自史公（即司馬遷）有皇帝不雅馴（見《史記・五帝本紀贊》："百家言黃帝，其文不雅馴。"），及删《書》斷自唐虞（唐虞爲堯舜有天下之號。見《史記・孔子世家》："序《書傳》，上紀唐虞之際。"）之説，學派遂有王伯無皇帝。雖《易大傳》（又稱《十翼》。指《易》的《彖傳》上下、《象傳》上下、《繫辭傳》上下、《文言》、《説卦》、《序卦》、《雜卦》，共十篇）有伏羲、神

---

① 《戴記》，指《大戴禮記》和《小戴禮記》，見《知聖篇》第二十一則脚注。上文之《帝德》即《五帝德》，爲《大戴禮記》篇名，又收入《孔子家語》；《王制》爲《小戴禮記》篇名。
② 小大共球，語本《詩・商頌・長發》："受小球大球，爲下國綴旒"，"受小共大共，爲下國駿厖"。廖平、黃鎔以小球謂中國之小九州，大球謂全球之大九州；"共"與"貢"通，小共即小九州之貢，大共即大九州之貢。

農、黃帝,《大戴》(即《大戴禮記》)有《五帝德》,《詩》《書》所言
"皇上帝""古帝""皇帝"諸文,皆以爲天神,於是六經全爲王
伯,專治中國。《中庸》所云"凡有血氣,莫不尊親"者,成虛語
矣。海外祆 xiān 教(本指波斯的國教,俗稱拜火教。泛指歐美的基督教、
天主教等宗教,其主要特征爲"獨尊一天"),真足以自立於鬼方(本指遠
方異族,此指西方本土),各遵所聞,兩不①相妨。

　中士言時務者,舍西書無所歸宿,何以爲百世可法之道
哉？今故別撰《周禮皇帝疆域考》②一書,以《五帝德》爲藍
本,經、史、子、緯所有,皆附錄之。此書成,則言皇帝之學方有
根據,足與王伯之説相峙並立,亦如漢師之今、古學。以此爲
時務之歸宗,庶幾人才盛而聖道昌乎！

<h2 style="text-align:center">二</h2>

　博士雖爲儒家,間(間或、偶爾)言大同,如《小戴·禮運》
(《小戴》即《小戴禮記》,亦即今本《禮記》)、《伏傳》(即伏生《尚書大傳》)
五極(指東方、南方、中央、西方、北方之極)、《韓詩》説《關雎》(詳《韓詩
外傳》卷五)、《公羊》之大一統。

---

　① 兩不,原爲夾注,據適園本改爲正文。
　② 《周禮皇帝疆域考》,簡稱《皇帝疆域考》。據《四益館經學四變記》
載,廖平取《周禮集説》之《周禮》疆域,別編爲《皇帝疆域考》。後廖平弟子黃
鎔據此補編成《書經周禮皇帝疆域圖表》(簡稱《皇帝疆域圖表》)。

儒與道時相出入，德行出顏、閔，文學爲游、夏（見《論語·先進》：“德行：顏淵、閔子騫、冉伯牛、仲弓。言語：宰我、子貢。政事：冉有、季路。文學：子游、子夏。”）。時有異聞，則文學亦聞皇帝説也。《禮記》孔子與子游論大同（見《禮記·禮運》）。《列》《莊》（《列子》《莊子》）論呂梁（地名。具體所指，諸説不一。或説在西河〔今山西吕梁市離石區〕，或説在彭城〔今江蘇徐州市〕），引子夏云：“夫子能之而不行者也，商（即子夏，字卜商）不能而知其説。”（詳《列子·黄帝》《莊子·達生》）

孔子論儒，有君子、小人之分（見《論語·雍也》：“子謂子夏曰：‘女爲君子儒，無爲小人儒。’”）：君子儒，道家；小人儒，王伯儒家（儒家中之論王伯者）。故子夏曰：“小道可觀，致遠恐泥，君子不爲。”（語出《論語·子張》，原作：“子夏曰：‘雖小道，必有可觀者焉；致遠恐泥，是以君子不爲也。’”）

以經師魯、齊二派而論，魯近儒，齊則間有皇帝。如鄒衍游齊而言“瀛海”“五德代謝”（見《史記·孟子荀卿列傳》：“如此者九，乃有大瀛海環其外，天地之際焉。……稱引天地剖判以來，五德轉移，治各有宜，而符應若茲。”），皆五帝要旨。

中國一隅，不可言五運①也。《公羊》云大一統，王伯小，皇帝大，又云“王者孰謂？謂文王”（《公羊傳》隱公元年）。皇輻（又稱皇幅。皇統幅員、版圖。廖平大統説以輪輻譬喻，以全球三萬里爲皇輻

---

① 五運，金、木、水、火、土五行的運行。廖平所主“五運”説，源於《黄帝内經》，其《素問·天元紀大論》篇云：“甲己之歲，土運統之；乙庚之歲，金運統之；丙辛之歲，水運統之；丁壬之歲，木運統之；戊癸之歲，火運統之。”

四十大州，王八十①，牧（州牧。《禮記‧曲禮》謂“九州之長入天子之國曰牧”）二十。②　四方“方命厥后”（語出《詩‧商頌‧玄鳥》。鄭玄箋：“方命其君，謂徧告諸侯也。”），各有九州：中國文王，西武王，北玄王，又有湯王、平王、汾王、王后、王公，及君王、侯王之稱。《北山》云：“天下王土，率土王臣。”（《詩‧小雅‧北山》原作：“溥天之下，莫非王土。率土之濱，莫非王臣。”）舊以爲一王，不知一大州一王。西方爲三大井（據廖平《地球新義‧讀易紀聞》，大井亦爲井田之井，“王者居中，八井環之”），《易》以二十四子卦（參《地球新義‧易説》：“《易》之生數，以三爲定，所謂乾三男，坤三女，長、中、少是也。……由三生九，故八卦生二十四子。”）當之，所謂“往來井井”（語出《易‧井》卦辭。《地球新義‧讀易紀聞》云：“凡大往小來、小往大來，由此井到彼井，由彼井到此井，所謂‘往來井井’也。”）。非天下只有一王，故曰“王于出征，以佐天子”（《詩‧小雅‧六月》），“王此大邦”（《詩‧大雅‧皇矣》），“四國有王”（《詩‧曹風‧下泉》），“宜君宜王”（《詩‧大雅‧假樂》）。八伯（内八州之長）、十二牧（外十二州之長），或六或三（疑指地球北六州、南三州之長，見《地球新義‧八行星繞日説》），皆可稱王。

---

①　四十、八十，原均爲夾注，據適園本改爲正文。
②　此句義殊難解，今據廖平大、小統説，試解讀如下：王輻（即小九州王統之幅員，方三千里）有一天子、四岳（内四州）、八王、二伯（八王、二伯即下文所云“天有十日”，“一日比一王，八方即八日，合之二伯爲十日”）。皇輻（即全球皇統幅員，方三萬里）面積爲王輻的百倍，故有四十内州（當即四十大州）、六十外州，王八十、伯牧（州牧）二十。

《齊詩》言"四始五際",①即鄒氏"五德運行"之説。緯詳皇帝,《公羊》多主之。故予新撰《詩解》(即《詩緯新解》,廖平作於1914年),改名"齊學",以"齊學"宏闊,包《公羊》,孕鄒氏、《列》《莊》、董(指西漢經學家董仲舒)、何(指東漢經學家何休),凡大統説皆有之。名齊以别魯,齊較魯亦略有小大、文質之别。中國一號齊州②,歌《商》、歌《齊》,③即中外之分。

三

後世諸學,發源四科(見《知聖篇》第十七則脚注。)。儒祖文學,道原德行。《論語》志道、據德、依仁、游藝(見《論語·述而》:"志於道,據於德,依於仁,游於藝。"),"藝"讀仁義之義。即《老子》"道失後德,德失後仁,仁失後義,義失後禮"(《老子》第三十八章

---

① 《齊詩》"四始五際",是用陰陽五行闡釋相關詩篇的一種學説,從而"推得失,考天心,以言王道之安危"(《漢書·翼奉傳》)。所謂"四始",指《大明》在亥,水始也;《四牡》在寅,木始也;《嘉魚》在巳,火始也;《鴻雁》在申,金始也"(孔穎達《毛詩正義》引《詩緯·汎歷樞》)。所謂"五際",指"卯、酉、午、戌、亥也。陰陽終始際會之歲,於此則有變改之政也。"(《漢書·翼奉傳》顏師古注引孟康)

② 齊州,見《爾雅·釋地》:"岠齊州以南,戴日爲丹穴。"郭璞注:"岠,去也;齊,中也。"邢昺疏:"中州,猶言中國也。"《列子·湯問》:"湯又問曰:'四海之外奚有?'革曰:'猶齊州也。'"張湛注:"齊,中也。"

③ 語本《禮記·樂記》:"肆直而慈愛者,宜歌《商》;温良而能斷者,宜歌《齊》。"廖平《地球新義·樂記禮運帝王論》:"夫《禮》之所謂《商》者,即《詩·商頌》也;《齊》者,即《詩·齊風》也。……《商》大一統,而《齊》小一統。"

原作："故失道而後德，失德而後仁，失仁而後義，失義而後禮。"），乃四代（指虞、夏、商、周四代）升降之説。皇帝道德，王伯仁義。政事科專言王伯，德行科專言皇帝。

《論語》言皇帝崇尚道德者不一而足，"無爲"（見《論語·衞靈公》："子曰：'無爲而治者，其舜也與？夫何爲哉，恭己正南面而已矣。'"）"無名"（見《論語·泰伯》："子曰：'大哉，堯之爲君也。巍巍乎，唯天爲大，唯堯則之。蕩蕩乎，民無能名焉。'"），與道家宗旨尤合。道爲君道南面之學，爲顔、閔、二冉（即顔淵、閔子騫、冉伯牛、冉雍，列於孔門十哲之德行科）之所傳。治中國用仁義，以仁義治全球，則致遠多泥。道家集四科之大成，用人而不自用，與孔子論堯舜（即指前面的"無爲""無名"）同。惟道家詳大同，兼瀛海治法。

宋元以前，中國閉關自守，仁義宗法，謹守勿墜。道家文字雖存，大而無用。學道者又不知道德詳百世以下治統，專説失其宗旨，以至爲世詬病。此非道德之過，乃言道德之過；又非言道德者之過，時會未至，大而無當，不得不流於悠謬（荒謬）。

《下論》（《論語》後十篇的統稱）"言志"章，子路（即仲由，字子路，孔子弟子）、公西華（即公西赤，字子華，孔子弟子）、冉求（又稱冉有。字子有，孔子弟子）爲政事言，語王伯之學。曾晳（即曾點，字晳，孔子弟子）所言，與顔子農山宗旨全同（孔子與顔淵等遊於農山，明心言志，詳《孔子家語·致思》）。此章之曾晳，即農山之顔。曾"異撰"（指《論語

·先進》中，曾晳言志所説"異乎三子者之撰"。撰，具，陳述）即①皇帝之所以異於王伯，"童、冠"即用人而不自用，"春服既成"即"無思不服"②，"詠而歸"即皇帝褰裳③而去，全爲道家宗旨。

司馬談（見《知聖篇》第三十六則脚注）《六家要旨》論道家云：

使人精神專一，動合無形，贍足萬物。其爲術也，因陰陽之大順，采儒墨之善，撮名法之要，與時遷移，應物變化，立俗施事，無所不宜，指約而易操，事少而功多。

儒者則不然：以爲人主天下之儀表也，主倡而臣和，主先而臣隨。如此則主勞而臣逸。至於大道之要，去健羨（剛健、貪欲），絀（通"黜"，廢棄，貶退）聰明，釋此而任術。夫神大用則竭，形大勞則敝。形神騷動，欲與天地長久，非所聞也。

夫陰陽四時、八位（指八卦方位）、十二度（十二星次，此指十二月序）、二十四節各有教令，順之者昌，逆之者不死則

<hr>

① 撰即，原爲夾注，據適園本改爲正文。
② "無思不服"，語出《詩·大雅·文王有聲》："鎬京辟雍，自西自東，自南自北，無思不服。"廖平《詩經天學質疑》："思，古與'志'通。《詩》爲志，即思服，謂入版圖。"
③ 褰qiān裳，撩起下裳。參《皇帝疆域圖表·周禮吉凶齊十五服圖》："又藉衣服之義，以統括全球。《易·繫辭下傳》：'黄帝堯舜垂衣裳而天下治，蓋取諸乾坤。'乾上坤下，人身之服則上衣下裳，爲南北兩半球之象，況天包乎地，衣則覆蔽全體，近取諸身，罕譬而喻。"

亡,未必然也,故曰"使①人拘而多畏"。夫春生夏長,秋
收冬藏,此天地之經也,②弗順則無以為天下綱紀,故曰
"四時之大順,不可失也"。

又云:

儒家以六藝為法。六藝經傳以千萬數,累世不能通
其學,當年不能究其禮,故曰"博而寡要,勞而少功"。若
夫列君臣父子之禮,序夫婦長幼之別,雖百家弗能易也。

又云:

道家無為,而無不為,其實易行,其辭難知。其術以
虛無為本,以因循為用。無成勢,無常形,故能究萬物之
情;不為物先,不為物後,故能為萬物之主。有法無法,因
時為業;有度無度,因物與合。故曰"聖人不朽,時變是
守。虛者道之常也,因者君之綱也"。群臣並至,使各自
明也。其實中 zhòng 其聲者謂之端,實不中其聲者謂之窾
kuǎn。窾言不聽,姦乃不生,賢不肖自分,白黑乃形。在

① "夫陰陽四時"至"故曰使",原爲夾注,據《史記·太史公自序》,適園
本改爲正文。
② 此天地之經也,《史記·太史公自序》原作"此天道之大經也"。

所欲用耳,何事不成。乃合大道,混混冥冥。光燿天下,復反無名。凡人所生者神也,所託者形也。神大用則竭,形大勞則敝,形神離則死。死者不可復生,離者不可復反,故聖人重之。由是觀之,神者生之本也,形者生之具也。不先定其神,而曰"我有以治天下也",其何由哉?論儒道之分,精核分明。大抵儒爲中國方内之治,道則地中(見《周禮·地官·大司徒》:"日至之景尺有五寸,謂之地中。"孫詒讓正義:"地中者,爲四方九服之中也。")皇帝,兼包四極,綜合八荒而成者也。

四

"無爲而治",屢見於《論語》《詩》《易》,是爲微言,而後儒顧(却)非之。今考《莊子·天道》篇曰:

> 夫帝王之德,以天地爲宗,以道德爲主,以無爲爲常。無爲也,則用天下而有餘;有爲也,則爲天下用而不足。故古之人貴夫無爲也。上無爲也,下亦無爲也,是下與上同德,下與上同德則不臣;下有爲也,上亦有爲也,是上與下同道,上與下同道則不主。上必無爲而用天下,下必有爲而爲天下用,此不易之道也。故古之王 wàng 天下者,智雖落(通"絡",包絡)天地而不自慮也,辨①雖彫(通"周",周

---

①　辨,《莊子》通行本作"辯"。辯,口才。

遍)萬物而不自説(同"悦")也,能(才能)雖窮海内而不自為也。天不産而萬物化,地不長而萬物育,帝王無為而天下功(成)。故曰莫神於天,莫富於地,莫大於帝王。故曰帝王之德配天地。

《莊子》所謂"無為",乃"君逸臣勞"(見《慎子·民雜》:"君逸樂而臣任勞。"《韓非子·主道》:"臣有其勞,君有其成功。")"舜有臣五人而天下治"(《論語·泰伯》)之義。此《莊子》所以為德行科嫡派,而《詩》《易》之大師。後來説"無為"者,皆失此旨。

五

初考《周禮》,以為與《王制》不同,證之《春秋》、《尚書》、《左》(即《左傳》)、《國》(即《國語》)、諸子(指先秦諸子之書),皆有齟齬(jǔyǔ,抵觸)。因以為王(王莽)、劉(劉歆)有屬 chàn 改(混雜更改),作《刪劉》(即《周禮刪劉》,廖平作於1888年)一卷。

丁酉(1897)以後,乃定為大統之書,專為皇帝治法。書只五官,所謂五官奉六牲①者,有明文。《大戴》言"五官"數十見。此大統以五官為主之説也。五官者,所謂五行之官。《曲禮》:"五

---

① 五官奉六牲,見《周禮·春官·小宗伯》:"毛六牲,辨其名物而頒之于五官,使共奉之。"鄭玄注:"司徒主牛,宗伯主雞,司馬主馬及羊,司寇主犬,司空主豕。"

官之長曰二伯。"(《禮記·曲禮》原作:"五官之長曰伯。"又,《禮記·王制》云:
"八伯各以其屬,屬於天子之老二人,分天下以爲左右,曰二伯。")皇帝有五
官,亦如天皇之有五感生帝①,合則五官共一統,分則每官自
成一代,故每官不用官屬而用官聯②。惟其爲皇帝治法,故外
史專掌三皇五帝(見《知聖篇》第十一則脚注)之書,而不及王伯。

又尺五地中及崑崙與神州(參《書·益稷》鄭玄注引《地記書》:
"崑崙山東南,地方五千里,名曰神州。"廖平《詩經國風五帝分運考》謂崑崙在
冀州中土),是合地球言之。鄒衍(見本篇自序脚注)海外九州,或以
爲必有傳聞。不知《大行人》之九州,實以方(方爲計量面積用語,
指縱橫的長度)九千里開方(指求算面積),即鄒衍之九九八十一州
也(即大九州,見《知聖篇》第六則脚注;另參廖平《地球新義·〈大行人〉九州
即騶衍大九州考》)。與《職方》(即《職方氏》,《周禮·夏官》篇名。所敍九
州,廖平認爲指小九州,即下文之"禹州")《量人》(《周禮·夏官》篇名。《皇
帝疆域圖表》云:"量人'分國爲九州',每分九千里,乃全球之大綱。"),一小
一大,小爲禹州(即《禹貢》九州,方三千里)與五服(方五千里。見《知聖
篇》第二十則脚注),大爲帝幅(又稱帝幅。帝統幅員、版圖,方九千里)與

---

① 感生帝,參宋代李如篪《東園叢説·雜説》:"五行之帝,居太微中,受
命之君,必感其精氣而生。東方木帝曰靈威仰,西方金帝曰白招拒,北方水帝
曰叶光紀,南方火帝曰赤熛怒,中央土帝曰含樞紐。故以木德受命有天下者則
祭靈威仰,金德受命有天下者則祭白招拒,水德則祭叶光紀,火德則祭赤熛怒,
土德則祭含樞紐。謂之感生帝。"
② 官屬、官聯,語出《周禮·天官·大宰》:"以八法治官府:一曰官屬,
以舉邦治;二曰官職,以辨邦治;三曰官聯,以會官治。"鄭玄注:"官屬,謂六
官,其屬各六十。……官聯,謂國有大事,一官不能獨共,則六官共舉之。"

皇輻（又稱皇幅。全球皇統幅員、版圖，方三萬里）。經云"九州之外曰
蕃國"，是帝萬三千里制度。"藩""蕃"字通，藩以內爲蠻、夷、
鎮三服，《大行人》合稱三服爲要服，鄭（鄭玄）注遂以爲周制方
七千里，大不合於海州（四海九州），小不同於禹迹（即前述"禹州"。
見《書·立政》："其克詰爾戎兵，以陟禹之迹。"《左傳》襄公四年："芒芒禹迹，
畫爲九州。"）。八牧之地，至大於王五倍，乃戰國七雄所爲，非成
（即周成王，周武王之子）、康（即周康王，周成王之子）所有。鄭君（即鄭
玄）撰述，此爲巨謬。

又官有小、大之分，《大行人》言大九州，則可知《小行人》
（《周禮·秋官》篇名）爲小九州。其以小、大分者，即"小共大共"
"小球大球"（兩句出《詩·商頌·長發》）"小東大東"（語出《詩·小
雅·大東》："小東大東，杼柚其空。"）之義。小爲王伯，大爲皇帝。一
書兼陳二統，小同《王制》，大者由《王制》加三加八以至卅五
倍，所謂"驗小推大"（見本篇自序脚注）是也。特不可於禹州中
用其大統之説。如封建，一云百里，一云五百里；疆域，一云方
五千，一云方三萬。則枘 ruì 鑿（枘鑿指榫頭與卯眼。枘圓鑿方或枘方
鑿圓，不相容合）不入，以致爭競數千年之久而不能定。今據本
文爲分別之，則泮 pàn 然（消除貌）冰釋，怡然理解矣。

六

道家尚黃帝。黃帝，即宰我（即宰予，字子我，孔子弟子）問五帝

德之首（詳《大戴禮記·五帝德》《孔子家語·五帝德》）。《論語》言帝道無爲無名、志道據德（見《論語·述而》："志於道，據於德，依於仁，游於藝。"）、文質合中、舍小取大者，不一而足。已詳《道出德行考》（今未見此書）中。

《列子·仲尼》篇首，與顏子論憂樂，大約"樂天知命不憂"者，王伯也；既已樂天知命而憂方長者，百世以下皇帝之事，《詩》之"百憂"（見《詩·王風·兔爰》："我生之後，逢此百憂。"《詩·小雅·無將大車》："無思百憂，祇自塵兮。"）是也。

《詩》云："不長夏以革。"（《詩·大雅·皇矣》）讀①爲"丕"；"長"謂"幅隕既長"（語出《詩·商頌·長發》）。幅隕，即幅員。廖平、黃鎔謂"幅""輻""福""服"音同字通）；"夏以革"，變禹州爲大州也。《湯問》篇之"夏革"與《詩》同（《列子·湯問》中，假託名爲夏革之人論上下八方之無極無盡，廖平以爲與《詩經》"不長夏以革"之意相合）。

五山之爲《民勞》（《詩·大雅》篇名）五章，今西人之謂五大洲也（參廖平《地球新義·大雅民勞篇解》）。五山十五鰲，三番而進，謂三統（見《知聖篇》第七則"三統說"脚注）。六千年一更，三六十八，②《詩》之所謂"素絲三五"（語本《詩·召南·羔羊》："素絲五紽"

---

① 據文意，"讀"前當脱"不"字。

② 參《列子·湯問》："渤海之東，不知幾億萬里……。其中有五山焉：一曰岱輿，二曰員嶠，三曰方壺，四曰瀛洲，五曰蓬萊。……而五山之根，無所連著，常隨潮波上下往還，不得暫峙焉。仙聖毒之，訴之於帝。帝恐流於西極，失群聖之居，乃命禺彊使巨鰲十五舉首而戴之。迭爲三番，六萬歲一交焉。""三番而進"，謂十五巨鰲分三批輪番頂戴五山。

"素絲五緎""素絲五總")"三五在東"(語出《詩·召南·小星》:"嘒彼小星,三五在東。"),言釣言弋,言御言造,①罕譬而喻,皆以發明《詩》《易》。

諸篇言夢言覺,以神形相接分寤寐,尤爲《詩》之要例。中央爲"夙夜在公"(《詩》之《召南》《魯頌》中凡數見),《王》《鄭》《齊》(即《詩·國風》之《王風》《鄭風》《齊風》。據上下文,三《風》主東方)爲夙興、爲行、爲寤、爲覺,西方《豳》《秦》《魏》(即《詩·國風》之《豳風》《秦風》《魏風》)爲夜寐、爲思、爲夢、爲神游、爲飛。凡言飛,皆謂過海,飛相往來。舉一隅以反三,故每覺少夢多。其六夢思、懼、喜諸名,全與《周禮·占夢》同(見《周禮·春官·占夢》:"以日月星辰占六夢之吉凶:一曰正夢,二曰噩夢,三曰思夢,四曰寤夢,五曰喜夢,六曰懼夢。")。《周禮》師説,乃在《列》《莊》,又可知同爲大同之書矣。

七

小、大二統,古今有六大疑案。以學論,則《公羊》、《周禮》、道家、今古學;以帝王論,則秦始、漢武帝。

---

① "言釣言弋,言御言造",語出《列子·湯問》。"釣"謂龍伯之國有大人"一釣而連六鼇",致使"岱輿、員嶠二山流於北極,沈於大海"。"弋"謂蒲且子之弋,"弱弓纖繳,乘風振之,連雙鶴於青云之際"。"御"謂造父之習御,"内得於中心,而外合於馬志,是故能進退履繩,而旋曲中規矩"。"造"謂偃師之造倡者,"趨步俯仰",如真人一般。

經説皇帝，專指百世以後，非説古之三五（即上古之三皇五帝）。故《秦本紀》博士説，古之皇帝，皆地不過千里，[①]則包海外、總六合（見本篇自序脚注），乃俟聖（語出《禮記·中庸》："質諸鬼神而無疑，百世以俟聖人而不惑。"），非述古也，定矣。百世之事，無徵不信，博士空傳其文，河清難俟（見《左傳》襄公八年引《逸詩》："俟河之清，人壽幾何？"），故於小統經傳、秦漢典章勉强附會大統。

如始皇并六國，威令不出《禹貢》外，仍小一統，而非皇帝。考《本紀》所有章奏制詔，全用大統，文辭斐然，實則羊質虎皮（意爲空有其表。語出揚雄《法言·吾子》："羊質而虎皮，見草而説，見豺而戰，忘其皮之虎矣。"），非其事也。

又如五帝運，本謂五大州，五帝各王其方。始皇自以爲水德，當用嚴酷，遂以慘刻（凶殘刻毒）亡天下，不得不謂爲師説之誤。

又如漢武帝，征伐夷狄，北方開通頗廣，然均在《禹貢》要、荒（要服、荒服）内。當時經師博士，因大統之説無所附麗（附着），亦遂移以説之。

後世遂以秦皇、漢武真爲經説之皇帝，一誤無外，一誤以大説小。如封禪爲皇帝典禮，小統王伯不得用之，秦漢乃躬行實舉。《史記》因之著《封禪書》，亦其失也。

---

① 按，此説今載《史記·秦始皇本紀》。歸有光等學者認爲："《秦本紀》與《始皇本紀》當合爲一，如《周紀》始后稷也。以簡帙多，始皇自爲紀。"

八

《齊詩》"四始五際"（見本篇第二則脚注），皆詳大統之學。新周、王魯、故宋、絀杞，①皆爲後世言，故曰新周非舊周。周、召分陝，②即緯以十二國配律吕、十二次③等條，皆爲大統專説。鄒子"五帝終始"，即《齊詩》之"四始五際"，爲五大州言，漢師强以説堯舜、三代。

　　《周禮》與《王制》，大、小不同。《周禮》與《詩》，皆自以

---

　　①　新周、王 wàng 魯、故宋、絀杞，爲公羊學"通三統"説的重要觀點。傳統公羊學一般認爲：《春秋》繼周興起爲王，王者尊賢，必存二王之後，周爲新近被黜之周，即新周；《春秋》託王於魯，即王魯；故宋，指存湯之後於宋；絀杞，指王者尊賢不過二代，故作爲夏後之杞當被絀（通"黜"）。公羊家"通三統"説，多據《春秋》而立論，而廖平則認爲其説當本於三《頌》，《樂緯·動聲儀》所言"先魯後殷，新周故宋"，即爲遺説。故廖平對上述"通三統"説作了相應的改造和發揮，認爲：三《頌》中《周頌》居首，實即託文、武王爲新周，新周爲繼周之皇統；《魯頌》《商頌》居後，實即存二王之後，故尊周公（即王魯）、崇孔子（即故宋，以孔子爲素王），魯、宋皆稱公；"禹不列《頌》"，"杞不稱公"，即絀杞之意。
　　②　周、召分陝，見《公羊傳》隱公五年："天子之相則何以三？自陝而東者，周公主之；自陝而西者，召公主之；一相處乎内。"又見《史記·燕召公世家》："其在成王時，召王爲三公：自陝以西，召公主之；自陝以東，周公主之。"
　　③　律吕，古代樂音標準名。有六陽律：黄鐘、太簇、姑洗、蕤賓、夷則、無射。六陰律（稱爲吕）：大吕、夾鐘、仲吕、林鐘、南吕、應鐘。共十二律，合稱律吕。古人爲説明日月五星的運行和節氣的變换，將黄道附近一周天按照由西向東的方向分爲十二個等分，稱爲星次。十二次的名稱爲：星紀、玄枵、娵訾、降婁、大梁、實沈、鶉首、鶉火、鶉尾、壽星、大火、析木。州國配律吕、星次的具體情况，詳廖平、黄鎔《詩緯新解》。

小、大分：小爲王伯，大爲皇帝；小爲《魯詩》説，大爲《齊詩》説。以小説《尚書》，爲今文之誤；以人説《詩》，則不免爲齊學之誤。如《周禮》本大統，鄭君誤以爲中國周朝典章，欲於中國五千里内并行。《王制》《周禮》，二説互鬮數千年不休，今、古學之宗派由是以立。古文家并欲强諸經堯、舜、夏、殷之治，盡同於《周禮》。如鄭注"弼成五服，至于五千"是也。① 《魯詩》以王伯説《詩》，其失正同鄭君。三派（指魯學、齊學、古學）雖早晚不同，亦互有得失。

九

儒家爲博士嫡派，以王伯爲主，兼言皇帝。如《大戴》《秦本紀》博士説，及伏、韓、董（指西漢經學家伏生、韓嬰、董仲舒）諸書所言大統之治是也。道家專言皇帝，鄙薄王伯，其正言莊論（正經莊重的言論）與博士如出一手，無有異同。

今中國學派大抵宗儒家，泰西（猶極西，泛指西方）諸國皆於墨學爲近，子家爲合治全球之學術。風俗不同，政教亦略有損益，各家不無偏駁。然硝、附、薑、桂（芒硝、附子、生薑、肉桂，均爲大

---

① 《書·益稷》："弼成五服，至于五千。"孔穎達正義引鄭玄注："輔五服而成之，至于面方，各五千里，四面相距爲方萬里。"廖平《四益館經學四變記》駁曰："即如'弼成五服，至於五千'，就經文立説，本爲五千里，博士據《禹貢》説之是也。鄭注古文家，則據《周禮》以爲萬里，此古、今混淆以前之通弊也。"

熱之藥），爲病而設，矯枉過正，自成一家，必然之勢。

　　道家"采儒墨，撮名法"（《史記・太史公自序》引司馬談《論六家之要旨》），即"不主故常"（《莊子・天運》），因變設施之本旨。海禁未開以前，如冬葛夏裘，以無用而見輕，遂爲世所詬病；海禁既開以後，乃知其（指道家）書專言海外，爲《詩》《易》嫡派。取歸實用，各有因宜，舊所指目（手指而目視，意爲衆所指責。語本《禮記・大學》："曾子曰：'十目所視，十手所指，其嚴乎！'"）之條，率由誤解。

　　今以小、大二派列爲宗旨，分說六經，舉古今所有爭辯，出入主奴（又作"入主出奴"。意謂挾門户之見，以己所崇信者爲主，以所排斥者爲奴。語本韓愈《原道》："入於彼，必出於此。入者主之，出者奴之；入者附之，出者污之。"），一掃而空。於前六事（即本篇第七則所謂"六大疑案"），融洽分明，無待煩言，自相投契。《中庸》"萬物並育而不相害，道並行而不相悖"，天覆地載，美富具存，大同合一，先見於學問宗派，而後天下侯王隨之。《小雅》先《大雅》，下經殿（居……後）上經（指《易經》中的上經、下經），非即此義歟？

　　　　　　　　　十

　　説有宗主，言各一端，所謂"道不同，不相爲謀"（《論語・衛靈公》）。《易・井》："無得無喪。"（《易・井》卦辭原作："改邑不改井，无喪无得,往來井井。")楚子言楚失楚得,孔子猶譏之。① 小康之治,以城郭爲固;大統則毀名城、銷鋒鏑(語本《史記·秦楚之際月表》:"墮壞名城,銷鋒鏑,鉏豪桀。")。小統分土分民,諸侯疆域,或得或失。以皇帝言之,合地球爲一家,"無此疆爾界"(《詩·周頌·思文》),則何得失之足言?

《莊子》云:"凡(國名)之亡非亡,楚之存非存",②即《易》之"無得無喪"。《老》《莊》説之可疑者,證以《詩》《易》而皆通。言不一端,各有本旨;如必攻《莊》,則亦必攻《易》矣。

十一

《莊子》云"六合之外,聖人存而不論;六合之內,聖人論而不議。《春秋》,先王之志"(《莊子·齊物論》),則聖人日切磋而不舍也。《荀子》云:"《詩》不切。"(《荀子·勸學篇》原作:"《詩》《書》故而不切。")緯云"《書》者如也"(《尚書緯·璇璣鈐》)"《詩》者志也"(見《毛詩序》:"《詩》者,志之所之也。"《春秋説題辭》:"《詩》之爲言志也。"),又曰"志在《春秋》,行在《孝經》"(《禮記·中庸》鄭玄注引

---

① 見《説苑·至公》:"楚共王出獵,而遺其弓,左右請求之。共王曰:'止。楚王失弓,楚人得之,又何求焉!'孔子聞之:'惜乎其不大!亦曰人遺弓,人得之而已,何必楚也。'"又見於《孔子家語·好生》《孔叢子·公孫龍》《公孫龍子·迹府》等,文字稍異。

② 語出《莊子·田子方》:"楚王與凡君坐,少焉,楚王左右曰凡亡者三。凡君曰:'凡之亡也,不足以喪吾存。夫凡之亡也,不足以喪吾存,則楚之存不足以存存。由是觀之,則凡未始亡而楚未始存也。'"

《孝經緯》)。董子引孔子曰：“吾欲託之空言，不如見之行事之深切著明。”①

　　按：由《莊子》之言以分畫諸經疆宇，六合之外《詩》《易》，六合之內謂《書》，先王之志謂《春秋》。《春秋》與《尚書》爲述古，故爲“如”、爲“行事”、爲“深切著明”，以其皆古人已往成事，故文義明白。

　　至於《詩》，乃百世以下之書，心之所之爲志。疆宇及乎六合，當時未見施行，專以俟聖，故曰“志”、曰“不切”。

　　至於《易》，爲六合以外，推之無極無盡(參《列子·湯問》：“然無極之外復無無極，無盡之中復無無盡。無極復無無極，無盡復無無盡。朕以是知其無極無盡也，而不知其有極有盡也。”)。《列子》“夏革”即《詩》之“不長夏以革”(見本篇第六則箋注)，曰天地之外有大天地(《列子·湯問》原作：“朕亦焉知天地之表，不有大天地者乎？”)，即《易》合乾坤爲泰否之説也(上乾下坤爲否卦，上坤下乾爲泰卦)，泰爲大哉，否爲至哉(見《易·乾·彖傳》：“大哉乾元，萬物資始，乃統天。”《易·坤·彖傳》：“至哉坤元，萬物資生，乃順承天。”)。

　　日屬世界，八行星繞日，日又帥行星以繞大日，釋氏(即釋迦牟尼，古印度人，佛教創始人。下“釋迦”同此)所謂“大千世界”“恒河沙數”(均爲佛教語。形容數量多至無法計算。語出《金剛經·無爲福勝

---

　　①　見董仲舒《春秋繁露·俞序》：“孔子曰：‘吾因其行事，而加乎王心焉，以爲見之空言，不如行事博深切明。’”《史記·太史公自序》：“子曰：‘我欲載之空言，不如見之於行事之深切著明也。’”

分》，原作：“以七寶滿爾所恒河沙數三千大世界，以用布施。”）。《易》下經《豐》言“雖旬无咎”，“天有十日”（見《左傳》昭公七年，又見《黃帝內經素問》），十日爲旬。《象》曰“宜日中”，下爻再言“日中見斗（北斗七星）見沬（mèi，斗杓後之小星）”。下經十首卦（首卦又稱父母卦，詳本篇第二十則。下經十首卦指咸、恒、損、益、巽、震、艮、兌、既濟、未濟）爲十日，《莊子》、《山經》（《山海經》之《山經》部分）、《楚辭》、古緯皆有“十日並出”之説。一日比一王，八方即八日，合之二伯爲十日，此但爲大九州言之。

至於大荒（即海外。見《山海經·大荒東經》：“東海之外，大荒之中。”）十六牧，比於八州，爲十六日。《易》又曰“先庚三日，後庚三日”（《易·巽》九五爻辭），“先甲三日，後甲三日”（《易·蠱》卦辭），四三日合爲十二日。有甲、庚則有壬、丙，合四干爲四岳（見《知聖篇》第二十則脚注）。四岳各該（掌管）四州，蓋合大荒爲二十日。

於內爲“十日並出”，海外不通，專言中國，則爲射落九日，一日孤行。蓋日雖大，不過天地中之一物，故藉以比侯王。皇則如天，故曰配天，以天統日，則不可究詰，並不止十日而已。近有像片，合地球十王聚照一紙之中，即《易》之“雖旬”，《詩》之“侯旬”（語出《詩·大雅·桑柔》：“菀彼桑柔，其下侯旬，捋采其劉。”侯，維也，是也），即所謂“十日並出”者。合今日爲十日，當中國閉關之前，豈非一

日獨明哉！車輻象一月三十日,①内八州八日,合二伯爲旬,
以十干(十天干)當之,所謂"天有十日"。

外大荒十六牧,合四首(即下文之"乾、坤、坎、離"四首卦)、四岳
爲二十日,爲二旬。以十二支(十二地支)爲十二牧,加以震、
兑、艮、巽爲十六牧,外四岳爲乾、坤、坎、離,爲二十日。蓋干
支二十二人,合八卦,共爲三旬,以象一月。二十五大州,中一
州爲轂(gǔ,車輪的中心部位),外二十四州爲三十日,以象三十
輻。

十二

《詩》以長壽大年爲皇帝之盛事,又以疾病爲災厲,而福
禍亦以剛强與弱病分。《佐治芻言》②謂文明之國極詳衛生,
英國人民較前人年壽大有進境,較以上更加,將來進境更未可
量云云。

案:天王、海王二星,遠或百四十年乃繞日一周,而成一

---

①　車輻,本指車的輪輻。《周禮·冬官考工記》:"輪輻三十,以象日月
也。"《老子》第十一章:"三十輻共一轂。"廖平等《書經大統凡例》云:"經義
以輪輻取象地球圓轉運行。"故以車輻圖爲大統之治法。下文"中一州爲轂"
"以象三十輻"亦本此。

②　《佐治芻言》,全書共三卷,英國傳教士傅蘭雅口譯,應祖錫筆述,1885
年由江南製造局出版。該書以宣傳資産階級自由、平等思想爲主,是戊戌變法
以前介紹西方政治和經濟思想最爲系統的一部著作,梁啟超稱之爲"論政治
最通之書"。

歲。《列》《莊》所謂楚之南冥（南海。因其冥漠無涯，故稱冥）靈，五百歲爲春、五百歲爲秋者，以本地球千年爲一歲。古之大椿以八千歲爲春、八千歲爲秋者（見《莊子·逍遥遊》："楚之南有冥靈者，以五百歲爲春，五百歲爲秋；上古有大椿者，以八千歲爲春，八千歲爲秋。"），則以本地球萬六千年爲一歲。西人天文家以八行星爲日屬，日又帥八行星以繞大日，則日之行度，當遲於恒星者數十百倍。即以本日繞大日計，或千年一周，萬八千年一周，皆屬常理，修（長）短不同，各盡其理。

十三

堯舜之登遐（指帝王之死。廖平意謂"登遐"與"乘雲御風"一樣，屬於人形神俱遊的天學範圍），説者以爲褰裳（見本篇第三則脚注）而去。《列子》有以"死人爲歸人"（《列子·天瑞》）之説，《論語》之"詠而歸"（《論語·先進》），即謂死也。古者天地相通，人可上天，所謂飛行、乘雲御風者也（見《莊子·逍遥遊》："列子御風而行"，神人"乘雲氣，御飛龍。"）。道家言"聖人不死"（語出《莊子·胠篋》："聖人不死，大盜不止。"），董子亦云皇帝魂魄在廟。①

---

① 見董仲舒《春秋繁露·三代改制質文》："德侔天地者稱皇帝，天佑而子之，號稱天子。故聖王生則稱天子，崩遷則存爲三王，絀滅則爲五帝，下至附庸，絀爲九皇，下極其爲民。有一謂之三代，故雖絕地，廟位祝牲猶列于郊號，宗于代宗。故曰：聲名魂魄施於虚，極壽無疆。"

故大統之義，以四帝分四極而王，四帝統於一皇，二后統於一上帝。郊社（又稱郊祀。指祭祀天地。見《禮記·禮運》："祭帝於郊，所以定天位也；祀社於國，所以列地利也。"）之禮即享（祭祀）二帝，所謂一上帝、一感生帝（見本篇第五則脚注）。德配天，或稱帝，或稱天，名異實同，則郊祀即所以受命於天、於上帝，感生八極（八方極遠之地）之王。同郊上帝，分祀感生，故受享則降福，不弔（見《詩·小雅·節南山》："不弔昊天。"朱熹集傳：弔，愍也，憫也。言"不見憫弔於上帝也"）則降喪亂。然則天子之郊祀，即如諸侯之朝覲。天子有黜（貶黜）陟（升遷），天則有禍福。天之禍福，亦考功比績（考核功績）。《春秋》之書異，所以警天變（參《春秋繁露·必仁且智》："國家之失乃始萌芽，而天出災害以譴告之。"），亦如諸侯謹侯度（典出《詩·大雅·抑》："質爾人民，謹爾侯度，用戒不虞。"鄭箋："侯，君也。……慎女爲君之法度。"）。天子於諸侯有慶賞，天亦同之。

且嵩岳降神，生申、甫以爲方岳，[1]則古皇帝亦必天皇所降，天皇太乙（即太一，北極神的別稱）下降爲普天之皇。就地球言，日降爲皇，五方五行星下降爲五帝，八行星爲日屬，此本界之事，所謂日屬之世界。

故生則爲人，死則仍爲星辰。傳説之説，即可以驗皇帝。故曰"聖人不死"，生死來去，皆有所屬。故王者之法天，如臣

---

① 見《詩·大雅·崧高》："崧高維嶽，駿極于天。維嶽降神，生甫及申。維申及甫，維周之翰。四國于蕃，四方于宣。"崧嶽即嵩岳，申、甫指周代名臣申伯和仲山甫，方岳指任一方之重臣。

之於君，人以言命，天以道命（語本《穀梁傳》莊公元年：“人之於天也，以道受命；於人也，以言受命。”）。日星有行道以示法，即王者之誥命。《春秋》小統兼通大統，郊祀與謹天變，皆是也。

十四

常欲撰《大統春秋》，苦無皇帝。以八王而論，中國東方震旦（古印度稱中國爲震旦。宋代釋法雲《翻譯名義集》：“東方屬震，是日出之方，故云震旦。”），恰與《春秋》之魯相同。小統以周爲天子，齊、晉爲二伯。大統以日屬世界比，則以日爲天子，歲星（木星）、太白（金星）爲二伯。紀天行以合人事，皇帝以上爲神，王伯以下爲人。推日爲皇，推星爲伯，以合天人之道，仍與《春秋》之皇帝相同。特小統魯以上有二等，大統則王以上無二等。無二等而必求天道以實之，則記天事當較詳密，不似《春秋》之猶可疏節闊目（疏略禮節，放寬條目。見《明史·沐英傳》：“疏節闊目，民以便安。”）。推究其極，則以皇配天日，不過比於方伯。天中之日無窮，不過取近者十日、十六日爲説耳（説見本篇第十一則）。

十五

日爲皇，行星爲伯，月爲小國，比於曹、許、鄶 kuài。此海禁初開，未能混一之法耳。將來大統至尊，配天爲皇，侯牧爲

日,故有十日、十六日之說。二伯總統則爲大日,中國直如青州(古
九州之一。《書·禹貢》:"海岱惟青州。")一方伯,諸行省等於曹、莒、
邾、滕、薛、杞。《春秋》於山東小國,別見二十一以爲連帥。
將來大約一行省爲一連帥,諸行省之上再立七大卒正,而宰相
必爲天子所命。一王三監,以配三卿,①則今宰相之制也。

　　考《春秋》:天子三監與本國三卿并立,大約方伯時有黜
陟,不取一姓,亦不世卿(世襲爲卿大夫)之義。蓋諸侯可世(世
襲),而伯牧不常,父死子不代繼。故凡本國之事,本國三卿治
之;方伯之事,乃三監理之。三卿、三監,合爲六人,所職有公
私之分。

　　董子《順命》篇首言天命須切實言之,亦如王之誥命(即本
篇第十三則所言"人以言命,天以道命")。天不言而以道受命,道者,
即天之九道。② 順天布政,因時而變,如《月令》(《禮記》篇名)之
文是也。

---

　　①　連帥、卒正、三卿、三監之制,見《禮記·王制》:"五國以爲屬,屬有
長。十國以爲連,連有帥。三十國以爲卒,卒有正。二百一十國以爲州,州有
伯。……天子三公,九卿,二十七大夫,八十一元士。大國三卿,皆命於天子。
……天子使其大夫爲三監,監於方伯之國,國三人。"
　　②　見唐徐堅等《初學記》引《河圖括地象》:"天有九道,地有九州。"又
《漢書·天文志》:"日有中道,月有九行。……中道者,黃道。月有九行者:黑
道二,出黃道北;赤道二,出黃道南;白道二,出黃道西;青道二,出黃道東。"

十六

余初持先蠻野、後文明之説，以爲今勝於古。孔子之教，今方伊始，未能推及海外。必合全球，"莫不尊親"（《禮記·中庸》），方爲極軌（最高法式），與道家之説，亦相符合。《中庸》云："生今反（同"返"）古，災及其身。"《列》《莊》求新，不沾沾舊學，故以古人爲陳人，先王之書爲芻狗，迹爲履之所出而非履（見《知聖篇》第五則脚注），皆重維新而鄙守舊。

竊以古之皇帝疆宇，實未能及海外。皇帝通而三王塞，乃百世以後全球合通之事。孔子不以爲新創，而以爲因陳。上古本大，中古漸小，百世以下又大。初則由大而小，後又由小推大。王伯由孔子制作，而以歸之三代古皇帝；亦猶王伯之制，由孔子制作，而以歸古之王伯。是孔子不惟制作王伯，兼制作皇帝。如説天之宣夜（見《知聖篇》自序脚注）、大地浮沈（同"沉"）、三萬里中、四游（見《知聖篇》第四十八則箋注）成四季、五大州疆宇、大九州名目，凡《山海經》《天文、地形訓》（即《天文訓》《地形訓》，均爲《淮南子》篇名）《列》《莊》之所稱述，皆由孔子於二千年以前，預知百世以後之世運，而爲之制作。

西人於二千年以後，竭知盡慮，銖（古代衡制中的重量單位，爲一兩的二十四分之一）積寸累，合數千年、數百國聰明才智，勉强而成之事迹，孔子已直言無隱，中邊（内外）俱透，不似西人之欲吐若茹（食，吞咽），不能推盡。如"三千大千世界""恒河沙數"（見本篇第十一則箋注），釋氏之説，發原《列》《莊》，《列》《莊》之師法，本於孔子，何等明快，所謂慧眼、天眼是也。西人僅恃遠鏡（即望遠鏡）之力，宜其不能與神聖（指孔子）爭聰明。初由王伯以窺孔子，已覺美富莫踰（同"逾"，超越）；再即皇帝以觀，誠爲地球中亘古一人也已！

十七

嘗舉朝覲、巡狩二例，以説二《南》《邶》《衛》（即《詩·國風》中的《周南》《召南》《邶風》《衛風》）。蓋朝覲則八伯至京，二伯帥以見天子，覲禮饗畢（宴飲完畢）歸寧（即後所言"各歸本國"）。二《南》之爲二伯，統八牧朝覲，各歸本國。周、召（周公、召公）爲父母，八牧爲八"之子"。四見"之子于歸"（見二《南》之《桃夭》《漢廣》《鵲巢》及《邶風·燕燕》），即由朝覲後歸寧父母（語出《周南·葛覃》："害澣害否，歸寧父母。"）。故二《南》見八牧爲朝覲之禮，二伯居而八牧行。

《邶》《衛》則反此，爲二伯行而八伯居。大九州有九洛，二伯分巡八方，各至其國之都，爲《莊子》九洛（見《莊子·天運》："九洛之事，治成德備。"陸德明釋文："其即謂禹所受之《洛書》九類乎！"此處九洛指九州之都）舊説。故《邶》《衛》以二十篇分四帝，四正三，四隅二，每方必有一洛。故二篇多言沬（衛邑名，即朝歌）、妹妹

（見《鄘風・干旄》“彼姝者子”，後文謂“姝”當讀爲“妹”）、淇（衛水名，古爲黄河支流）、浚（衛邑名。後文謂《鄘》《衛》二《風》之淇、沫、浚、妹爲洛、爲土中），其原泉（當即《詩・衛風・竹竿》之“泉源”，又稱泉水，淇水支流）諸地名皆近洛。“未落”（語見《詩・衛風・氓》：“桑之未落，其葉沃若。”）亦然。以中國《尚書》主《康誥①》“妹土”“妹邦”（後文云“《尚書》以妹土爲土中”），以洛爲中心，故外八大州亦翻其意，以八洛爲八都會。九洛之制，全見《鄘》《衛》，而《易》下經十首（即下經十首卦，指咸、恒、損、益、巽、震、艮、兌、既濟、未濟），損、益居十合一，以外八卦，亦合爲九洛。《莊子》書多博士典禮，九軍②與九洛，尤爲明著。

　　故定《詩》例，以赤道天中爲居、爲北極，二黄道爲中心，外邊黑道爲南（赤道、黄道、黑道均屬九道，見本篇第十五則“九道”脚注）。四方之中皆爲北，四方之邊皆爲南，北爲衣，南爲裘。南於卦爲未濟（《易經》卦名，坎下離上或下水上火），以黑道爲南，加離於坎上，爲火水未濟。故於南巡方謂之“未見君子”（《詩經》中“未見君子”凡數見，下文“既見君子”亦同）；於北方居所朝諸侯，爲既濟（《易經》卦名，離下坎上或下火上水），《詩》曰“既見君子”。以赤道爲北，加坎於火③

---

　　①　康誥，當爲“酒誥”之誤。見《書・酒誥》：“明大命於妹邦”，“妹土嗣爾股肱”。

　　②　九軍，見《莊子・德充符》：“勇士一人，雄入於九軍。”又《春秋繁露・爵國》：“天子地方千里”，“千六百萬口，九分之，各得百七十七萬七千七百七十七口，爲京口軍九”。故本篇後文云“九軍爲天子軍制”。

　　③　火，據文意疑爲“離”之誤。

上,爲水火既濟。既(即既濟)以君爲主居中,未(即未濟)以伯爲主居
外,若禹會諸侯於塗山、周公會諸侯於洛之義。《王會圖》(諸
侯朝覲侍立天子左右之圖,參《皇帝疆域圖表·召誥明堂位圖》所附《逸周書王
會圖》)則爲"既見",乃大一統之天下也。大約《邶》《衛》法
《春秋》,爲糾會之事;二《南》則大一統,居其所而朝諸侯也。

十八

大統有天下一家之例。天下大同,比於門内和合。以皇
爲祖,以二后爲父母,以八士、伯、仲、叔、季爲弟兄姊妹,附十
六外牧,以卒正爲公孫。天下大同,爲婚媾、和好、宴樂、娶妻、
生子,所謂"天作之合""篤生文武"(語出《詩·大雅·大明》,原作:
"文王初載,天作之合";"長子維行,篤生武王")。

至於言小,則天下分裂,各君其國,各子其民,彼此不相
通。東北乾陽,文家主亨;西南坤陰,質家主貞(亨、貞,均爲乾卦
四德之一)。東北相合,爲有父無母;西南相配,爲有母無父。
《小雅》言無父無母(見《詩·小雅·斯干》:"無父母貽罹。"《小雅·蓼
莪》:"無父何怙,無母何恃。"),悲傷憂苦(《詩·小雅》中多有"憂心""傷
悲"語),爲分而未合。雖亦言"宜""樂",但曰"爾"、曰"其"(如
《詩·小雅·常棣》"宜爾室家,樂爾妻帑"等),則自顧其私,未能大通,
必如《大雅》而後無憂悲哀傷之可言。

《詩》《易》所謂鰥寡孤獨,皆謂"騫崩"(損壞、崩塌。見《詩·

小雅·天保》:"如南山之壽,不騫不崩。"《小雅·無羊》:"矜矜兢兢,不騫不崩。"),彼此畫疆自守,不婚媾而爲寇盜。他如獨行、寡婦、獨兮、煢獨,①皆同。所謂娶妻生子,"同車"、"同行"、"同歸"、同室、婚媾(見《詩·邶風·北風》"攜手同車""攜手同行""攜手同歸",《鄭風·有女同車》"有女同車""有女同行"等),皆爲大同言。此《詩》《易》小、大之所以分也。別有《小大二雅文字不同表》(今此表未見)。

十九

古今天下有二局,曰戰國,曰一統。分久必合,合久必分。《春秋》一經則包二局,言一統則有周王,言分爭則有列國。《詩》之《小大雅》,《易》之上、下經,皆以分合爲起例。航海梯山(渡過大海,攀越高山),彼此往來,如今日,可謂中外相通。

然各君其國,各子其民,於《易》爲咎(訓釋詳本篇第二十二則),仍爲戰國之局。雖曰交通,未能一統。《小雅》之鰥寡孤獨,怨女曠夫,憂心悲傷,號咷(同"啕")哭泣,不可言宿,歸復邦族云云,②爲今天下言之。必至大統之後,同軌同文(語本《禮記·中庸》:"今天下車同軌,

---

① 見《詩·唐風·杕杜》:"獨行踽踽","獨行睘睘"。《小雅·大田》:"伊寡婦之利。"《小雅·正月、小明》:"念我獨兮。"《小雅·白華》:"俾我獨兮。"《小雅·正月》:"哀此惸獨。"等等。

② 見《小雅·鴻雁》:"哀此鰥寡。"《節南山》:"覆怨其正。"《賓之初筵》:"載號載呶。"《小明》:"念彼共人,興言出宿。"《黃鳥》:"復我邦族。"等等。

書同文，行同倫。”），既清既平（語出《詩·小雅·黍苗》：“原隰既平，泉流既清。”），乃爲《大雅》、爲大卦（解釋見下一則）。然地球大，《雲漢》三篇（據廖平《詩經經釋》，指《雲漢》《瞻卬》《召旻》三篇，又稱“三大天”）亦同，以後亦必如中國舊事，合久而分。故《大雅》言喪亂憂亡，流爲割據之局，故曰“維昔之富，不如時”，“今也日蹙（cù，減削）國百里”（兩句均出《詩·大雅·召旻》，爲《大雅》最後一篇，是後文所謂“後分”也）。《小雅》前分後合，後三《小》（據廖平《詩經經釋》，指《小旻》《小宛》《小弁》三篇）起算。《大雅》前合後分。既濟之後有未濟，未濟之後有既濟。大小分合，互相倚伏，故上下經、《小大雅》，彼此有循環往來之例。

二十

《易》曰“卦有小、大”（《易·繫辭上傳》），乾、坤八父母（指乾、坤、坎、離、震、艮、巽、兑八卦，稱爲老父母卦）爲小，否、泰八父母（指否、泰、既濟、未濟、恒、損、益、咸八卦，稱爲少父母卦）爲大。小卦内外（内卦和外卦）重複，所謂坎坎、離離、乾乾、謙謙①；必内外婚媾（内外卦同一爻位陰陽屬性相反），天下大同，乃爲大卦。如上經乾、坤、坎、離，内外卦皆同者，《小雅》分崩之世也。大卦則乾、坤合爲泰、否，坎、離合爲既、未。

① 謙謙，據文意疑爲“坤坤”之誤。

父母相配,男女觀止①,婚媾好合,所以爲大。

《易》之小、大卦,即《詩》之《小大雅》。小、大分合,《易》《詩》皆以"既""未"二字爲標目,大同爲"既",分崩爲"未"。《詩》之"未見"則憂、"既見"則喜,凡數十見,"未""既"即既濟、未濟。未見之君子爲四岳(見《知聖篇》第二十則脚注),四方分崩則鰥寡孤獨,故曰憂傷;既見之君子爲二伯,二伯大同則娶妻生子,故爲喜樂宴好。初合未濟以臻既濟,復由既濟以成未濟,哀樂相循,亦如三統(見《知聖篇》第七則"三統説"脚注)輪環,必持盈保泰(在極盛之時以謙遜保平安),方能克終。《易》順逆兩讀,逆則由未濟以成既濟,順則由既濟以成未濟。曰"始吉終亂"(《易·既濟》卦辭原作:"初吉終亂。"),示人持盈保泰之意也。

二十一

《周禮·大司徒》:

以土圭(測量器具)之法測土深,正日影,以求地中。日南則景短多暑,日北則景長多寒,日東則景夕多風,日西則景朝多陰。日至之影尺有五寸,謂之地中,注:"凡日景之於地,千里而差一寸。尺有五寸爲萬五千里。"(末句鄭玄注原作:"景

---

① 觀止,原作"觀止"。《詩·召南·草蟲》:"亦既覯止,我心則降。"毛傳:"止,辭也。覯,遇。"據改。

尺有五寸者,南戴日下萬五千里。") 天地之所合也,《莊子》:"天有六極(指上下四方)、五常(指金、木、水、火、土五行,人倫之常性也)。"(《莊子·天運》) 四時之所交也,寒暑。風雨之所會也,陰陽之所和也。然則萬物阜安,建王國焉。

《列子·周穆王》篇:

西極之南如今南美洲。隅有國焉,不知境界之所接,名古莽音近洋壯。之國。陰陽之氣所不交,地中則陰陽和。故寒暑亡辨;日月之光所不照,故晝夜亡辨。地中則一晝一夜。其民不食不衣而多眠。冰海無晝夜,夜則久夜。五旬一覺,《詩》之"寐夢"。以夢中所為者實,覺之所見者妄。尚寐無覺,此西南極。

四海之齊中國為齊州。謂中央之國,即今四海之內。跨河南北,越岱東西,萬有餘里。東極萬二千里。其陰陽之審度(俞樾《諸子平議》謂"審度"當為"度審"之誤倒。"度審"與下文"分察"相對。度審,節度詳明),故一寒一暑;南北。昏明之分察(分界明顯),故一晝一夜。東西。其民有智有愚。知(同"智")愚即《詩》之"寤寐"(見《詩·周南·關雎》:"窈窕淑女,寤寐求之。求之不得,寤寐思服。")。萬物之滋殖,才藝多方。有君臣相臨,禮法相持。中國儒家。其所①云為,不可稱計。一覺一寐,以

---

① "所"下原衍"持"字,據《列子》刪。

為覺之所為者實,夢之所見者妄。以中國爲中。

東極之北隅東北。有國曰阜落之國。其土氣常燠
(yù,暖,熱),日月餘光之照。其土不生嘉苗。其民食草根
木實,不知火食,性剛悍,彊弱相藉,貴勝而不尚義;多馳
步,少休息,常覺而不眠。

蓋《列子》所云南、中、北三段,即《周禮》"地中"之師説
也。以覺夢比晝夜,南北極冰海之地半年晝夜,不足以言夢
覺。積冰苦寒,故曰"寒暑無辨",故曰"赤道常燠"。合地球
而言,惟兩黃道、兩溫帶以內乃善地;兩黑道非善地,不足以爲
地中也。

又《月令》五衣,素、青、黃之外,有黑、赤,合爲五方、五
色。今《詩》取素、青、黃,而不用赤、黑,以赤、黑當二冰海。
《論語》"紺、緅(gànzōu。朱熹集注:"紺,深青揚赤色,齊服也。緅,絳色。
三年之喪,以飾練服也。")不飾,紅、紫不服"(《論語·鄉黨》原作:"君子
不以紺、緅飾,紅、紫不以爲褻服。"),即不取黑、赤二極之義。至於
素、青、黃,則在緯度之分,而不關經度之地。同在黃道,緯度
相合,風雨寒暑亦相同。然則三統同爲一度,實本一地。因其
周經長分爲三段,曰東、西、中,素、青、黃,東西、素青皆强立之
名,實則一中一黃而已。

故《周禮》"地中"與《列子》"中央之國",以南北兩極言。
北南與東西、素青對文,故三統立都皆在地中。二昊(即太昊、少

昊,又作"太皞""少皞"。分别爲古代傳說中的東、西方天帝)亦中,非黄帝獨爲中。此"地中"之"中"指緯度,而以日月寒暑定者。由是以推,則凡日月寒暑、風雷①雨露,皆不可以常解說之,皆當對二極起例。京邑(指地中京城)居民,有寒暑晝夜、風雷雨露,而地球中實有無晝無夜無寒無暑之地。《列子》云"其陰陽之度審,故一寒一暑;昏明之分察,故一晝一夜","一覺一寐"。"一"字實義,必須知地球中有無寒暑晝夜之地,而後此"一"字乃可貴,特爲地中獨有。以此推《詩》《易》日月、晝夜、寒暑、生死,皆爲地中之贊(助)語矣。

二十二

《司服》(《周禮·春官》篇名)云:"掌王之吉凶(吉禮、凶禮,即祭祀和哀弔之禮)衣服,辨其名物與其用事。"考三服之分,則吉以冕(大夫及以上所戴之禮冠),凶以弁(biàn,一種禮冠,此指喪冠,今云孝帽),齊(同"齋",齋戒)以端(即端衣,古代的一種禮服。端,正也。端衣由長寬各二尺二寸的整幅布料裁成。端衣按布料顏色分爲玄端、素端兩種),冕、弁、端即吉、凶、齊也。按:王之吉服(祭祀時所穿之服)五冕:袞冕、毳 cuì 冕、希(通"絺"zhǐ)冕、玄冕、鷩 bì 冕(禮制詳《周禮·春官·司服》)②。《喪服傳》(解釋《儀禮·喪服》經、記的傳文,相傳爲子夏所撰)錫衰(錫,通

---

① 雷,原脱,據下文補。
② 鷩冕,原脱,據《周禮·春官·司服》補。

"緆"xī。錫衰 cuī，細麻布所製喪服）不在五服之內，則以斬、齊 zī、大功、小功、緦 sī 麻合爲五服。《司服》云："凡兵事，韋弁服（戴韋弁而穿韋服。韋，熟牛皮）。眂（即視）朝，則皮弁服（戴皮弁，穿素衣、素裳、白屨）。凡甸（田獵），冠弁服（戴玄冠，穿緇布衣、素裳、白屨）。凡凶事，服弁服（戴喪冠，穿喪服）。凡弔事，弁絰服（戴爵弁並加環絰，穿弔服。絰 dié，麻做成的孝帶）。"又云："其凶服（喪服），加以大功、小功。士之服，自皮弁而下，如大夫之服，其凶服亦如之。"又云："其齊服有玄端、素端。"

今就《司服》之文分爲三門：吉五冕，凶五弁，齊則言二端以示例。三《頌》以素、青、黃起例，各五服以合爲三十服。

《禹貢》"弼成五服"，而《喪服傳》有五服之文。蓋緦麻、小功、大功、齊、斬共爲五服，與《禹貢》五服同文。《詩》素冠、素衣、素韠（bì，一种遮蔽在身前的皮製服飾，似今之圍裙。語出《詩·檜風·素冠》："庶見素冠兮"，"庶見素衣兮"，"庶見素韠兮"），舊説皆以爲凶服，是素統方（方爲計量面積用語，指縱橫的長度）萬里，爲凶服，五服之比例無疑矣。

東方《緇衣》（《詩·鄭風》篇名）《羔裘》（《鄭風》《唐風》《檜風》篇名），即《鄉黨》（《論語》篇名）"羔裘（用紫羔所製黑色皮衣，爲諸侯、卿、大夫之朝服）玄冠（又稱委貌。爲常服之禮冠，由黑繒製成）不以弔（弔喪）"，是緇 zī 衣（黑色朝服，爲卿士聽朝之正服）、青衿（jīn。典出《詩·鄭風·子衿》："青青子衿，悠悠我心。"毛傳："青衿，青領也。學子之所服。"）全爲吉服無疑。《詩》於《羔裘》云"逍遙""如濡"（見《詩·檜風·

羔裘》：“羔裘逍遥。”《詩·鄭風·羔裘》：“羔裘如濡。”），合爲東方吉服之五。

中央五服爲黄統，兼取吉凶，以《周官》（《周禮》的本名）言之，當爲齊服。齊服有吉有凶，兼用二服，故《司服》齊服有玄端、素端，玄端吉服，素端凶服。大抵中央以朝服三服居中，左取玄端，右取素端，故《詩》“狐裘以朝”，又曰“狐裘在堂”（兩句均出《詩·檜風·羔裘》）。

車輻圖（見本篇第十一則“車輻”脚注）三十輻，三統三分，而借用吉、凶、齊之十五服以實之，此以輻隕（語本《詩·商頌·長發》：“外大國是疆，輻隕既長。”輻隕，即幅員、疆域。廖平、黄鎔謂“輻”“幅”“福”“服”音同字通）比衣服之説也。

且實而按之，《易》之吉、凶、无咎，亦就三服言之。吉謂東鄰文，凶謂西鄰質（參《易·既濟》九五爻辭：“東鄰殺牛，不如西鄰之禴祭，實受其福。”）。咎從卜從各，各君各子爲小統，分裂合好則爲无咎。无咎即合吉凶，即“无妄”（《易》有“无妄”卦）“无疆”（《易》《詩》中數見）“无邪”（《詩·魯頌·駉》有“思無邪”句，廖平謂“邪”當讀爲“涯”）。《易》之吉、凶、无咎，亦以三服爲本義，而託之筮辭之吉、凶、无咎也。

二十三

《易》“元亨利貞”有四德之訓，舊以分配四方。不知元、亨皆屬東乾,利、貞皆屬西坤。元、利爲德行,亨、貞爲性情。下經以咸比乾,恒比坤。咸即亨,恒即貞。乾、坤有男女、君臣之義,亨、貞故可互文。迨二門平分,則男亨女貞。亨則志在四方,貞則“無非無儀”(語出《詩·小雅·斯干》:“無非無儀,唯酒食是議。”)“無遂事”(《公羊傳》凡五見“無遂事”。遂事,生事。無遂事,意即不得專斷行事)之說。故乾主元、亨,至利、貞則指變坤。坤主“利牝(pìn,雌性,指獸類)馬之貞”(《易·坤》卦辭),至元、亨則主承乾。亨、貞爲權經(經爲常,權爲變,亦即常變之分)、行居之分,亦即中外文質之標目。乾之利、貞爲泰,坤之元、亨爲否,故“大哉乾元”(《易·乾·彖傳》)爲泰,“至哉坤元”(《易·坤·彖傳》)爲否。元於乾爲本義,於坤爲假借,故“乾元”曰“統天”(《易·乾·彖傳》),“坤元”曰“順承天”(《易·坤·彖傳》)也。乾以亨爲主,不亨則貞;坤以貞爲主,變貞則亨。

諸卦爻之亨、貞,皆從乾、坤起例,亦如用九、用六,以乾、坤起例也。(《易經》每卦六爻各有爻辭,獨乾、坤兩卦多出用九、用六之辭。)諸卦皆託體於乾、坤,陽爻主行爲亨,反之則爲不變之貞。陰主居爲貞,而貞動則亦爲亨。《書》曰:“用静吉,用作凶。”(《書·洪範》)大抵亨、貞即作、静之義。以乾、坤爲起例,諸卦皆同之者也。

二十四

言經學者必分六藝爲二大宗:一天學,一人學。人學爲

《尚書》《春秋》,行事明切,所謂"祖述堯舜,憲章文武"(《禮記·中庸》);天學爲《詩》《易》,當時海外未通,無徵(即後文所言"不能實指")不信,故託之比興(比附起興之手法,即後文所言"託之草木"云云)。

後世文體有詩、文二派,文取據事直書,詩取寄託深遠。緯①曰"《書》者如也""《詩》者志也",又曰"志在《春秋》,行在《孝經》"。志、行之分,即詩、文之別。

孔子之所以必分二派者,人事可明言,六合以外地輿、國號、人名、事迹,不能實指,故託之草木、鳥獸、卦圖、陰陽。自微言一絶,學者遂以孔子所言皆爲《春秋》之天下而發,不知天、人之分即古、今之別。即以《論語》言之,爲百世以下天下言者較多。於當時海禁未開,共球(見本篇第一則"小大共球"脚注)未顯,以百世以下之專説附會時事,勿怪其然。特先入爲主,積非成是,非有明著曉暢之專書,不足以發聾振聵。故別輯《百世可知録》(今未見此書),專明此理。

二十五

三千年以前,不必有輪船、鐵路、遠鏡、顯微諸儀器,非有

---

①　"緯"前原衍"尚書"。按,此處引文不盡出自《尚書緯》,亦有出自《春秋緯》《孝經緯》者。本篇第十一則引文同,而稱"緯云",不言出自《尚書緯》。據删。

能合群力以格致("格物致知"的簡稱,窮究事物之理,以獲取知識),如今日泰西(猶極西,泛指西方國家)之事者。而瀛海八十一州與四游等説,乃遠在數千年上,不得其説之所本。且西人自明至今,言五大洲而已。而鄒子乃以爲八十一,合於禮制,比於經義,較西説最爲精密。此又何從得之? 從可知天縱之聖(語出《論語・子罕》:"固天縱之將聖,又多能也。"),不學而知,不學而能(語本《孟子・盡心上》:"孟子曰:'人之所不學而能者,其良能也;所不慮而知者,其良知也。'"),至誠前知(語本《禮記・中庸》:"至誠之道,可以前知。"),先天不違(語本《易・乾・文言》:"先天而天弗違,後天而奉天時。")。且今日大統未成,諸經預設之文,已如此明備,他日實見行事,燦然明備,不知其巧合,又當何如此等識量? 若徒推測預知,能者多矣。所謂因時立制,數千年以前,因心作則,以定鴻模(宏大的模範)。天地、鬼神、名物、象數,必曲折不違,密合無間,略窺一班,已識梗概。

　　宜子貢、宰我之以爲天不可階(語出《論語・子張》:"子貢曰:'夫子之不可及也,猶天之不可階而升也。'")。嗚呼,堯舜猶病(難以做到。見《論語・雍也》:"何事於仁! 必也聖乎! 堯舜其猶病諸!"《論語・憲問》:"修己以安百姓,堯舜其猶病諸!"),而謂維摩(即維摩詰,古印度的一位大乘居士,爲佛典中現身説法、辯才無礙的代表人物)足以方物(辨別名物。典出《國語・楚語下》:"民神雜糅,不可方物。"韋昭注:"方,猶別也;物,名也。")乎!

二十六

鄒子驗小推大，即化王伯爲皇帝之法。"方里（長寬各一里）而井"（語出《孟子·滕文公上》："方里而井，井九百畝。"），可謂小矣，推之小九州而準，更推之大九州而準。六合之內，取譬於方里而已足。此與富家，一牧爲一家。京師地中爲公，如"公田"（語出《詩·小雅·大田》："雨我公田，遂及我私。"）"顛倒自公"（語本《詩·齊風·東方未明》："顛之倒之，自公召之。"）"退食自公"（《詩·召南·羔羊》）"夙夜在公"（《詩》之《召南》《魯頌》中凡數見）。以八州爲八家，"大田多稼"（《詩·小雅·大田》），即謂八王爲八家，合車輻圖爲"終三十里"（《詩·周頌·噫嘻》），象月望三五盈缺①。左右前後爲十千，所謂"十畝之間""十畝之外"（兩句均出《詩·魏風·十畝之間》）"十千維耦"（《詩·周頌·噫嘻》）"歲取十千"（《詩·小雅·甫田》）是也（《皇帝疆域圖表·井田九區驗推爲大九州圖》所附《知聖篇》注："三萬里大九州，中爲京師、爲公，四方同爲萬里，故曰十千維耦。"）。《詩》以公田比天下，爲一大例，言耕即井。

《乾》"見 xiàn 龍在田"，有禽無禽（見《易·師》六五爻辭："田有禽。"《恒》九四爻辭："田无禽。"《井》初六爻辭："舊井无禽。"），酒道食德

---

① 三五盈缺，語本《禮記·禮運》："是以三五而盈，三五而闕。"《皇帝疆域圖表·考工記輪輻三十以象月圓圖》："地中赤道長闊，三五十五，對望之時，正當地中，故盈；地球黑道短狹，又三五十五，以漸而下弦，故闕。"

（見《易·需》九五爻辭：“需于酒食。”《訟》六三爻辭：“食舊德。”），飲食醉飽，皇道帝德。隰（xí，低濕的田地）、畛（zhěn，田間分界的小路）、主、伯、亞、旅、彊、以，二徂（cú，往）六侯，①當即八伯名目。“皇祖”（《詩經》中“皇祖”數見）即上帝，“多稌（tú，稻）”（語出《詩·周頌·豐年》：“豐年多黍多稌。”）爲并家，飢饉（《詩經》中“飢饉”“飢渴”數見）爲騫崩（見本篇第十八則箋注）。《禮記》禮耕樂耨（見《禮記·禮運》：“故人情者，聖王之田也。修禮以耕之，陳義以種之，講學以耨之，本仁以聚之，播樂以安之。”），亦借田以比治天下之一說也。

二十七

《齊》《商》爲文質標目，如今之中外華夷。《論語》“文質彬彬，然後君子”（《論語·雍也》），是以“君子”二字爲文質相合之稱。“君”爲君臣之君，爲東鄰，爲文家尊尊，故目“君”也；“子”爲父子之子，爲女子，爲子姓，質家親親，②故目“子”。《周頌》合文質，則君子當直指《周頌》“監於二代”（《論語·八佾》）。《論

---

① “隰、畛”以下兩句，語本《詩·周頌·載芟》：“千耦其耘，徂隰徂畛。侯主侯伯，侯亞侯旅，侯彊侯以。”毛傳：“主，家長也。伯，長子也。亞，仲叔也。旅，子弟也。彊，彊力也。以，用也。”鄭箋：“彊，有餘力者。《周禮》曰：‘以彊予任民。’以謂閒民，今時傭賃也。”

② 文家尊尊，質家親親，見《春秋繁露·三代改制質文》：“主天法質而王，其道佚陽，親親而多質愛”；“主地法文而王，其道進陰，尊尊而多禮文”。何休《公羊解詁》：“質家親親，先立娣；文家尊尊，先立姪。嫡子有孫而死，質家親親，先立弟；文家尊尊，先立孫。”

語》"君子質而已矣，何以文爲"（《論語·顏淵》），專以爲質，所謂子而不君者也。考二字平對，又如父母、君婦、尸且①、漆且②、君子、"民之父母"（《詩·小雅·泂酌》）、"愷悌君子"（《詩經》中數見"豈弟君子"。"豈弟"同"愷悌"，和樂平易）、"君子偕老"（《詩·鄘風·君子偕老》）是也。又，二伯、四岳，皆得稱君子，八大州君子爲二伯，大荒（即海外。《山海經·大荒東經》："東海之外，大荒之中。"）君子爲四岳。

二十八

《列》《莊》言六經非陳迹芻狗（見《知聖篇》第五則腳注），全爲特創百世以下新法、新理，作而非述明矣。故於《詩》以《雅》翻譯爲名，專言俟後維新，非真言古人内地。則凡帝乙、高宗、即高尚宗公（見《詩·大雅·思齊》："惠于宗公，神罔時怨，神罔時恫。"孔穎達疏："宗公，是宗廟先公。"）之"高"，高宗，故以配震（《易·既濟》言"高宗伐鬼方"，《未濟》言"震用伐鬼方"，故以殷高宗配東方震卦）。文王、武王、商王、玄王、平王、汾王、成王、康王、氐羌、荊楚、淮夷、幽營等字，固皆翻譯託號也；如箕子、穆公、周公、莊公、皇父、南仲、尹氏、家伯、巷伯、孟子，亦皆爲託號矣。《詩》述周家祖孫父子，如

---

① 尸且，即鳲鵻，指鳲鳩、鵻鳩二鳩。按，《詩·曹風·鳲鳩》中有鳲鳩，《詩·周南·關雎》中有鵻鳩。廖平認爲鳲鳩爲司空、少司命、母，鵻鳩爲司馬、大司命、父。説見廖平《詩經異文補釋跋》《楚詞講義》等。

② 漆且，《詩·小雅·吉日》《周頌·有瞽》作"漆沮"，廖平、黄鎔認爲指"尸且"，"漆"爲"尸"音之轉，"沮"古作"且"。説見廖平撰、黄鎔筆述《書尚書弘道編》。

后稷、公劉、大（同“太”。下三“大”字同）王、王季、文王、武王，與大任、大姒、大姜，文義相連，不能謂非古人名號。不知託古以譯後，亦如山川、氏羌爲翻譯例，亦無不可。

經既云“周雖舊邦，其命維新”，又曰“本支百世”（兩句均出《詩·大雅·文王》），詳其文義，爲翻譯無疑矣。不如此，則“古帝命武湯”（《詩·商頌·玄鳥》）“帝謂文王”（《詩·大雅·皇矣》）“文王在帝左右”（《詩·大雅·文王》），皆不能解。

即如《大明》（《詩·大雅》篇名）“摯仲氏任（毛傳：“摯國任姓之中女也。”鄭箋：“摯國中女曰大任。”），自彼殷商，來嫁于周”，仲任與《燕燕》（《詩·邶風》篇名）“仲氏任只（只爲語助詞）”，同任姓國女，何以直目之曰殷商？又加之以彼二經古人、古地，按實求之，文義多在離合之間，故舊說於平王、文王、箕子，多有別解。必望文生訓，則《魯頌》真魯僖公作矣（《毛詩序》謂《魯頌》諸篇皆爲“頌揚僖公”而作）。以此立說，又多可疑，則以變異舊文，不合己意，先師改寫之事，亦知所不免耳。

即如后稷、王季、公劉，周之先祖也，經則託之爲二后、八王之父行。故以大妊（即太任）爲殷之女，文質合爲父母也。又如文王、武王，父子也，經則東文西武。二王平列，實指文、質二鄰，東西大牧。定以父子說之，亦時形齟齬。

知經非芻狗陳迹，則必非真古人、真古事。以《雅》之翻譯讀之,亦如淮夷、氐羌,"物從中國,名從主人"。[①] 藉古以喻後,亦無不可。特言在此,意在彼,不專爲古人古事而言,則固一定之例也。

二十九

《尚書》七政（典出《書·舜典》:"在璿璣玉衡,以齊七政。"）,古皆以日、月、五星（指金、木、水、火、土五星）解之。自八行星之説明,則七政當數天王、海王（即天王星、海王星。下同）,不用日、月明矣。惟西人之命名曰"天王""海王",則可異焉。以王命星,是十日爲旬,八州八王之説也。天王之名,直同《春秋》;海王之名,兼主海外,則如《商頌》矣。中國舊説,五星配五行,今加入二星,合地爲八,以配八方。八風（八方之風）則可以配四方,五行則取五去三,不可也。然古人五星之説據目見,久成定論。地球自爲主人,則不能與諸曜（yào,指上述除地球外的諸星）比,亦一定之比例。

今因"侯旬"（語出《詩·大雅·桑柔》:"菀彼桑柔,其下侯旬,捋采其劉。"侯,維也,是也）例,擬於日屬世界中,以日爲上帝、爲《周頌》,

---

① "物從中國,名從主人",語出《公羊傳》昭公元年,原作:"地、物從中國,邑、人名從主人。"廖平《公羊春秋經傳驗推補證》:"凡海外職官、郡國、器械、草木、禽獸,中國所有者,皆從中翻譯之,不得從本名。邑名與人名,夷狄先有定名,絕無形名可正","故從夷狄舊名言之"。

天王如《魯頌》，海王如《商頌》。一主文，一主質，天王爲文王，海王則爲武王，《詩》所謂"文武維后(君)"（《詩·周頌·雝》）之比。

　　以《小雅》言之，則《小弁 pán》日，天王《小宛》，海王《小旻》，《節南山》水，《正月》木兼土，《十月》火，《雨無正》金。① 地球爲主人，不入數焉。天王大於地球八十二倍，海王大於地百二十倍，道家所謂"大者居外，小者居内"（語出《列子·黃帝》，原作："小者居内，壯者居外。"）。又海王最遠，今以居中小者爲四岳，以在外者爲二后。日爲天子，天王、海王帥五星以繞日，五行星又各有小星，如方伯、卒正之職。古人無事不法天，則二伯、八伯、卒正，知法八行星及諸月而定。是即《左氏》伯帥侯牧以見於王，而侯牧又帥子、男以見於伯之義。八行星自外而内，海王、天王爲二伯，次土、中央京師。次木、東方"帝出乎震"（《易·説卦傳》）。次火、次金、次水。四時順行，始於春，終於冬。自内而外爲逆行，自外而内爲順行，亦順逆往來之説。

<h1 style="text-align:center">三十</h1>

　　鄒子海外九州之説，至今日始驗。學者求其故而不得，余以爲經説引《大行人》九州爲證，或又以孔子先知爲嫌。

----

① 　水、木兼土、火、金，原爲夾注，據前文例改爲正文。

案：先知乃聖神常事，"百世可知"（《論語・爲政》）"至誠前知"（《禮記・中庸》），古有明訓。宋元以下儒生乃諱言"前知"，然所謂"前知"，不過休咎得失、卜筮占驗之瑣細，非謂大經大法、先天後天（語本《易・乾・文言》："先天而天弗違，後天而奉天時。"）之本領也。如以爲孔子不應知，鄒子又何以知？他如地球四游，瀛海五山，海外大荒，與夫緯書所言《河圖》《洛書》之事，何以與今西人說若合符節？讖書占驗之前知，如京（京房，西漢易學家，明於災異）、郭（郭璞，東晉術數家、文學家）之流，固不足貴。若夫通天地之情狀，洞古今之治理，何嫌何疑，必欲掩之乎？

三十一

列、莊推尊孔子以爲聖神，其書爲《詩》《易》師說，學者彙（類也）能言之。顧道家之言不盡莊論（莊重的言論），設辭訕譏，遂爲世詬病。推尋其旨，蓋一爲抉微（推究精微），一爲防敝（通"弊"）。近代古文家說孔子直如鈔胥（專事抄寫的胥吏）、如書厨，墨守誦法，去聖人何啻千里！

故二子著書，極言芻狗陳迹之非，所謂"迹而非履"（語出《莊子・天運》，見《知聖篇》第五則脚注），正以明孔子之爲作而非述，以抉其精微也。他如"《詩》《書》發塚（同"冢"）"（語出《莊子・外物》，原作："《詩》《禮》發塚。"）"盜亦有道"（《莊子・胠篋》），設爲恢詭（荒誕詭異），以立聖教之防，不使僞儒、僉士（僉，通"憸"xiān，姦邪。

僉士,姦人)假經術以文姦。又以見聖道自有所在,非誦其言詞,服其衣冠,遂得爲聖人之徒。

大抵知人難,知聖尤難。列、莊能知聖,遂舉後世之誤疑聖人之俗說誤解,極力洗抉(清除揭露),以見聖人之至大至高,非世俗所知,非微藐可託。故其詬厲(猶詬病)之辭,使孔子聞之,亦相識而笑,莫逆於心,以見其衛道之嚴。世俗顧以爲真詈(ㄌㄧ,罵)訕孔子,使所訕辱者果真,則"有過人必知"(語出《論語·述而》:"丘也幸,苟有過,人必知之。"),孔子當引爲諍友矣,尚得以譏訕斥之乎?正當藉其所譏訕,以見吾心中之孔子,非真孔子耳。

三十二

道家諸書全爲《詩》《易》師說,《詩》《易》之不明,不能讀諸書之過。其宗旨不具論,佚典墜義,有足以通全經之義例。

如"夏革"篇(即《列子·湯問》篇)爲《詩》"不長夏以革"之說,大塊(見《莊子·大宗師》:"夫大塊載我以形。"又《齊物論》:"夫大塊噫氣,其名爲風。"成玄英疏:"大塊者,造物之名,亦自然之稱也。")爲《詩》"大球""夙夜""寒暑"之說,四極(四方極遠之地。見《列子·湯問》:"朕以是知四海、四荒、四極之不異是也。")、地中,九軍(見本篇第十七則脚

注)爲天子軍制,九洛爲上皇,六極、五常,①九土(九州之土。見《列子·湯問》:"九土所資,或農或商,或田或漁。"),各有一中,《鄘》《衛》兩《風》專詳此制。非是不能解《詩》《易》。

　　以六情(指哀、樂、喜、怒、好、惡六情,説見《漢書·翼奉傳》)爲例,哀樂、未既(即未濟、既濟),層見叠出,非《列子》記孔、顏論憂樂之故(見《列子·仲尼》,本篇第六則已論),無以起例;《易》"月望"(《易經》中"月幾望"凡三見)"輪輻"(見《易·小畜》九三爻辭:"輿説輻。"《既濟》《未濟》:"曳其輪。"等等),《詩》"幅隕②"(語出《詩·商頌·長發》:"外大國是疆,幅隕既長。"幅隕,即幅員),非《老子》"一轂(gǔ,車輪的中心部位)三十輻"之象,二十四州伯牧,合二伯、四岳、六首(指《易經》上經的乾、坤、坎、離、泰、否六首卦),爲三旬。無以立圖;《詩》"思服""寤寐"(見《詩·周南·關雎》:"窈窕淑女,寤寐求之。求之不得,寤寐思服。"《詩·大雅·文王有聲》:"鎬京辟雍,自西自東,自南自北,無思不服。"),非《列子》地中一夢一覺(詳《列子·周穆王》)與《莊子》夢覺神形之説,不得其旨。《乾》《坤》之龍、朋(《易·乾》爻辭有"潛龍""飛龍"之類,《易·坤》卦辭云"西南得朋,東北喪朋"),《剥》之"貫魚,以宮化龍"(《易·剥》六五爻辭原作:"貫魚,以宮人寵,無不利。"),非鯤鵬之論,

---

①　九洛,即《洛書》九疇(傳説中天帝賜給禹治理天下的九類大法)。六極,即六合。五常,即五行。見《莊子·天運》:"巫咸袑曰:'來!吾語女。天有六極、五常,帝王順之則治,逆之則凶。九洛之事,治成德備,監照下土,天下戴之,此謂上皇。'"

②　隕,原作"幀",據《毛詩正義》改。

何以知蜩（tiáo，蟬）、鷽（xué，學鳩，小鳩）①之指周、召（周公、召公），蟭 jiāo 蟲（即焦螟。見《列子·湯問》："江浦之間生麼蟲，其名曰焦螟。群飛而集於蚊睫，弗相觸也；栖宿去來，蚊弗覺也。"）之即椒聊（典出《詩·唐風·椒聊》，首句作"椒聊之實，蕃衍盈升"）乎！

博士亦傳大統，由子夏知其説而不能行，而推顔、閔、仲弓（即顔淵、閔子騫、冉雍〔字仲弓〕，列於孔門十哲之德行科）之主皇帝，亦由稱述而得。

"十日並出"（見《莊子·齊物論》《楚辭·招魂》等），爲"侯旬"（語出《詩·大雅·桑柔》："菀彼桑柔，其下侯旬，捋采其劉。"侯，維也，是也）"維旬"（見《詩·大雅·江漢》："王命召虎，來旬來宣：文武受命，召公維翰。"）之訓。南北二帝報中央之德（南海帝儵、北海帝忽爲報中央之帝渾沌，而鑿其七竅，詳《莊子·應帝王》），乃"冥升""冥豫"②"幽谷"③之解。《秋水》篇（《莊子》篇名）爲"河海"二字之起文，《齊俗訓》（《淮南子》篇名）爲顚覆厥德之作用。

大抵道家説必深入其中，諸凡非常可駭，皆讀爲常語，然

---

① 見《莊子·逍遥遊》："北冥有魚，其名爲鯤。鯤之大，不知其幾千里也。化而爲鳥，其名爲鵬。鵬之背，不知其幾千里也。……蜩與學鳩笑之曰：'我決起而飛，槍榆枋，時則不至而控於地而已矣，奚以之九萬里而南爲？'"

② "冥升"，見《易·升》上六爻辭："冥升，利於不息之貞。""冥豫"，見《易·豫》上六爻辭："冥豫成，有渝无咎。"廖平謂冥升、冥豫均指北方，説見氏著《貞悔釋例》。

③ "幽谷"，見《詩·小雅·伐木》："出自幽谷，遷于喬木。"《皇帝疆域圖表·周禮掌柯從衡求地中圖》引此詩，"幽谷"下注"兩黑道"。本篇前文云"外邊黑道爲南"。

後二經可通也。

三十三

《中庸》云："萬物並育而不相害,道並行而不相悖。"並育萬物,人所能知;道之並行,世所罕諭。間嘗(近來嘗試)統天下諸教而合論之:道家本於德行,是爲大成;釋出於道,天方(中國古代稱麥加和阿拉伯地區爲天方,此代指伊斯蘭教)、天主(天主教)又出於釋。不惟楊、墨(楊朱、墨翟,戰國時期的思想家)並行不害,天主、釋迦是亦大同。

中國夷狄之弱,由於崇尚佛教,談時務者類能言之。夫蠻夷狂獷,如冒頓(mòdú,漢初匈奴單于之名)番酋,非文教之所能遽化,又談時務者之常言。古之善醫者,因病施方,其術不一。鍼砭按摩(通"摩"),祝由(以祝禱符咒治病的方術)湯藥,苟缺一長,不爲名醫。近世專尚湯藥,習醫者遂專擅一門,鄙屑他途,亦如言聖學者專習儒家,非毀異教。

考釋氏出於老子化胡,由道變釋,因地施教,按其宗旨,實出《樂經》。定、靜、安、慮(語出《禮記·大學》,原作:"知止而後有定,定而後能靜,靜而後能安,安而後能慮,慮而後能得。"),《大學》之教,觀其初旨,大略相同。戒殺所以化夷俗之凶殘,貴貞(貞節)所以防部落之繁庶;安坐乞食,諷誦梵咒,意在化强爲弱,漸就繩墨(規矩,法度)。與唐宋以下開國大定以後,必開館修書,所以羈糜英雄、銷磨歲月者,事出一律。其中緣譌踵誤,節外生枝,萬派千奇,不能悉詰。然推其根原,未能大遠。若夫輪回、因果,亦神道設教、無終無始之常理。若以其與聖教不合,實與今之八股、試帖(見《知聖篇》第五十三則箋注)、白摺(清代朝考試卷)、大卷(清代殿試試卷),其去聖賢之途,未能相遠。孔子居中持正,老子自任化胡以爲先路,一粗一精,一終一始。

至今日地球大通,各教乃會其極。天下已定,偃(止)武修文,數百年之後,專行孔教,釋法盡滅。乃古之明説,亦或留此一綫,以爲無告(指鰥寡孤獨者。典出《書·大禹謨》:"不虐無告,不廢困窮。"孔穎達疏:"不苛虐鰥寡孤獨無所告者,必哀矜之。")養生之途,亦未爲不可。人之惡之者,不過因其安坐享厚稰(xǔ,糧食)耳。天下耗財事多,不止此一端。又或因人崇奉太過,激而毀之,則非平心之論。

總之,佛者,孔子之先鋒,馬上可得天下,不足以治天下。將來大一統後,存亡聽之。若未能大統,則於化夷不可謂無功也。

三十四

凡學問皆有中行、過、不及三等議論,不惟諸子,即孔孟亦然。推類至盡,以詆楊、墨,此求深之説,非通論也。① 中行如春、秋二分,不及與過如寒、暑,天道有三等。藥物甘平,中行也,寒涼、辛熱不能廢。

考《易》乾、坤八卦,反覆不衰,中爻(指六爻卦的中間四爻或三爻卦的中間一爻)、綜卦②皆中。此中行,畫夜寒煖(同"暖"。下同)適中之誼(同"義")。長、少二局(長局指內三爻、外三爻的初爻,少局指內三爻、外三爻的第三爻。參廖平《易生行譜例言》"宗支長少"條),則互相救,必損益乃躋(jī,登)於中。故少綜長,長綜少,長少皆偏。救病則非偏不爲功,所謂矯枉過直。

《論語》言孔子進退之法:由(即子路,字仲由,孔子弟子)也過,則以不及救之;求(即冉求,字子有,孔子弟子)也退,則以聞斯行告之。③ 如就二賢所聞以立宗旨,未嘗非孔子之言,則偏執不能爲中法。故楊、墨二家,乃寒暑、辛涼,物極必反,不可專就一面推之。必如此推求,則孔子之告二賢者,即楊、墨之宗旨。

---

① 見《孟子·滕文公下》:"楊氏爲我,是無君也;墨氏兼愛,是無父也。無父無君,是禽獸也。"所謂"非通論",意謂並非真詆毀楊、墨,而是另有深義。

② 綜卦,又稱覆卦或反卦,是將一卦顛倒過來所得之卦。六十四卦中,乾、坤、坎、離、大過、小過、頤、中孚八卦的綜卦爲本卦,即所謂中行之義。

③ 見《論語·先進》:"子路問:'聞斯行諸?'子曰:'有父兄在,如之何其聞斯行之?'冉有問:'聞斯行諸?'子曰:'聞斯行之。'公西華曰:'由也問聞斯行諸,子曰有父兄在;求也問聞斯行諸,子曰聞斯行之。赤也惑,敢問。'子曰:'求也退,故進之;由也兼人,故退之。'"

三十五

孟子爲中行，楊近始功，墨爲終究。蓋人方自修，則主楊氏，《大學》之"明德"也。專於自明，不暇及物，迹近自爲。學業已成，推以及物，墨子之"兼愛"，乃"新民"之宗旨。

以《孟子》考之，其言非"爲我"，則"兼愛"；非"兼愛"，則"爲我"。如伯夷（商末孤竹國君之長子。他和弟弟叔齊在周武王滅商後，隱居首陽山，不食周粟而死）之清，"爲我"也；伊尹之任，"兼愛"也。《孟子》並推爲聖，所謂一夫不得其所，"若己推而納之溝中"（《孟子·萬章上》）者，與墨子相去幾何！聖夷、尹而斥楊、墨，貴遠賤近，亦以二說非中，自具利害，以利歸古人，以害詆時賢。二義互通，在讀者之自悟。所謂"無父無君"（語出《孟子·滕文公下》："楊氏爲我，是無君也；墨氏兼愛，是無父也。無父無君，是禽獸也。"），乃推極其變之辭。推伯夷之教，可云"無君"；極伊尹之弊，亦近"無父"。

諸子持論，自成一家，矯枉者必過其正，非過正則其反也必不能中。物極必反，如日之行，從黃道而黑，至於黑則必反。浮久必沈（同"沉"），久升必降，非永遠推究、一往不反。故讀諸子當知此義，欲明此義，當於《詩》《易》求之。

三十六

　　從荒陬(zōu。荒陬指荒遠的角落)中言治法,則必先"兼愛"而後可及差等。故外夷之教,必先"兼愛",天方、天主、佛氏,莫不以"兼愛"爲主,實即《西銘》(文章篇名,宋張載撰。文中提出"民胞物與"思想,以啓發學者求仁之心)之説。西人天主之義,發其仁心,可以止殺、爭先、除獷悍,示以樂群,非愛不群,非群不立,此從古中外之分也。今耶穌救世教,較孟、荀寬廣,則以中國乃八十一分之九也。知"兼愛"爲中行先鋒,必至大同,然後示以等差,"禮三本"之説,①所以如近人作以攻祆 xiān 教(見本篇第一則箋注)者。然以從古地球初闢,人情必同,故今之天主、釋氏,全同墨氏。此一定之機局,非人力之所能爲也。

三十七

　　《易》之損、益,以三、四(指第三爻和第四爻。損、益二卦中,此兩爻爲陰爻)爲中,《易》六爻分三統:三、四爲黄衣,二、五(第二爻和第五爻)爲緇衣,一爲地中,一爲中國,皆有中可言。上、初(第六爻和初爻)失位之卦爲素

---

　　①　見《荀子·禮論篇》:"禮有三本:天地者,生之本也;先祖者,類之本也;君師者,治之本也。無天地惡生?無先祖惡出?無君師惡治?三者偏亡焉,無安人。故禮上事天,下事地,尊先祖而隆君師,是禮之三本也。"

衣,中爲无咎,二、五爲吉,初、上爲凶。反以二、五之中爲過、不及(損卦第二、五爻分別爲陽爻、陰爻,益卦則相反),如小過、中孚是也(小過卦第二、五爻均爲陰爻,中孚卦則相反)。故下經則以兩濟(即既濟、未濟兩卦,既濟離下坎上,未濟坎下離上,故下文謂"二坎""二離")爲兩極,二坎占二黑道,二離占兩赤道,分合不同而中邊異位。

經義大統以赤道中心爲居衣(前文云"以赤道天中爲居、爲北極","北爲衣"),臨馭四方,以兩黃道及冀、弇(yǎn。《淮南子·地形訓》云:"正西弇州曰并土,正中冀州曰中土。")爲黃裳,每邊極南爲裦,分爲三終(本指樂詩的三章;此處又指衣服的三部分,合爲大統皇輔。典出《儀禮·大射儀》:"乃歌《鹿鳴》三終。……乃管《新宮》三終。"),以比卦之三爻。如乾坤四、初爲居,二、五爲黃裳,三、上爲裦服。四方顛倒,如《周》《召》《廊》《衛》八方朝覲巡守圖。可見以居爲北,地於北極,周旋四邊皆南,故《周》《召》多"南"字。隨向背言,八方皆同。服、輔、福音同義同。卦之三爻、《詩》之三終,皆以衣、裳、裦爲起例。

以赤道地球中心長線爲地中,向南而背北,四方皆南流,中線最長,於中分爲三段,統曰東、西、中。又以每統所居一方爲中,但不言南北,故取假用地中爲之三統,不用紺、緅、紅、紫。① 然五帝之法,南北實有帝,既有帝朝諸,則車輔圖像月,

---

① 見《論語·鄉黨》:"君子不以紺、緅飾,紅、紫不以爲褻服。"前文云"即不取黑、赤二極之義"。紺、緅,音 gànzōu。朱熹集注:"紺,深青揚赤色,齊服也。緅,絳色。三年之喪,以飾練服也。"

每方十五服,故曰"三五而盈""三五而缺"（見本篇第二十六則"三五盈缺"脚注）。如中國之豫州（古九州之一。《書·禹貢》："荆、河惟豫州。"），中天下而立,南極向之,北極亦向之。

赤道爲北居,以黑道爲南行,則亦爲顛倒,所謂"以北化南""以南化北",爲既、未大顛倒（既濟卦和未濟卦之間上下顛倒,水火既濟顛倒爲火水未濟）。大與小有别,小顛倒如初與三、四與上,於南北兩極分内外卦,仍爲以水益水、以火益火,此小變,非大變。必大顛倒,以北易南,以南易北,如中孚之以三、四（中孚卦第三、四爻均爲陰爻）爲中,取初、二以與上、五（第一、二、五、六爻均爲陽爻）相反覆,南北球寒暑全反。二分則平,取春秋平分以爲中,以一短一寒易一長一暑,先必分卦爲小顛倒。赤者不赤,黑者不黑,水火既濟,平其寒温二帶本位之陰陽,然後合爲大變,以夏冬之寒暑相易,集其大成。

《詩》以未、既（未濟、既濟）爲説,今定巡守四方,分方别時者爲未;同主皇居,朝覲會同①者爲既。四帝分方,各主一時,南無定位,分居爲未;皇合四方王,以地中心爲既。如此,則三統各以地中爲北居,而衣、裳之間爲裳,爲兩黄道及兩洛（即東洛、西洛兩京,分别爲東半球、西半球之中心。説見《書經大統凡例》《皇帝疆域圖表》）,《詩》之中多取此義。

---

① 朝覲,泛指諸侯朝見天子。析言之,則四時異名,"春見曰朝,夏見曰宗,秋見曰覲,冬見曰遇"（《周禮·大宗伯》）。會同,泛指天子有事而會合諸侯。析言之,則"時見曰會（臨時會見）,殷見曰同（聚衆會見）"（出處同上）。

考天文家説，於長短圈加一斜綫，由北二十三度半至南二十三度半以爲黃道，則直以赤道之界合爲黃道，則不分二黃道而合爲一大黃道，《易》中孚二、五爲中之説（中孚卦四陽在外而二陰在内，第二、五爻皆陽中實，所謂"柔在内而剛得中"）。

三十八

地球中分有兩赤、黑道，而兩黃道在赤、黑中。《詩》之黃裳（見《詩·邶風·綠衣》："綠衣黃裳。"）、黃鳥（《詩經》之《秦風》《小雅》均有《黃鳥》篇）指黃道言，赤狐、黑烏（見《詩·邶風·北風》："莫赤匪狐，莫黑匪烏。"）指赤黑二道言。皇極（中央之極，統馭八方。典出《書·洪範》："五，皇極，皇建其有極。"）在赤道中心爲衣，由衣推裳，則以黃道爲中，兩黑道爲南，合兩赤道地中之中爲居。從居至遠荒，每方三分，極邊之南，皆坐北向南，分三段臨馭四方，莫不從同。居乃地中赤道，以赤爲北極，非北方之極。所向爲南，四時朝、宗、覲、遇，四面皆可爲南。故二《南》四方皆得稱"南"，《鄘》《衛》四方皆得言"北"也（舉例見後文）。

上經北坎南離，赤道中分，當反覆爲二局，如九宮法（見《知聖篇》第六十三則脚注）：宋以下謂之《洛書》。爲冬至局，坎一離九；顛倒爲夏至局，離一坎九。乃全《詩》之《王》《鄭》《齊》，《尚書》之"周公篇"（見《知聖篇》第六則脚注），《小雅》之分方而治，則如

《易》之内外卦，各三爻，以三①、五爲中。如乾、坤、坎、離，自卦自綜，則爲八卦是也。分方之法，如以二、五爲中，上經以之。大統則南北合一，以兩赤道爲中。《詩》之"離離"（見《詩・王風・黍離》："彼黍離離。"《詩・小雅・湛露》："其實離離。"）"憂心"（見於《詩經》十餘篇），絺綌（chīxì，夏天所穿的葛衣。葛之細者曰絺，粗者曰綌。見《詩・周南・葛覃》："是刈是濩，爲絺爲綌，服之無斁。"廖平謂絺綌爲赤道之夏服，爲輻輿例）、繼絆（即繼袢 xièfán，繼、袢同義，均指夏天穿的内衣。繼，通"褻"。見《詩・鄘風・君子偕老》："蒙彼縐絺，是繼袢也。"）。皆謂每方之南邊。

三十九

《易》上經三十，乾、坤、坎、離、泰、否六首卦，較下經少四卦，爲禹州（即《禹貢》九州，方三千里）起例。《禹貢》較皇輻圖（即前述車輻圖）少東荒（東方荒服）四州，上經少四卦，則以上經配禹州八伯、十二牧，爲小統。下經益以震、艮、巽、兑四卦爲十首，故曰"或益之十朋之龜"（語出《易・損》六五爻辭、《易・益》六二爻辭。朋，古代貨幣單位。一串爲五貝，兩串爲一朋）。益故爲大絺。上經法禹州，下經爲皇輻。

上、下經亦如《小大雅》，以"小大"二字爲標目。"小"爲

---

① 三，疑爲"二"之誤。蓋前後文皆言"二、五爲中"，即以第二、五爻爲内外三卦的中位（前文稱爲"中爻"）；此處獨言"三、五爲中"，義殊難解。

古之分封，"大"爲後之合同。《詩》之"上下"字多指上、下經，言"上下"即"古今"，"古今"即"小大"，"小大"即"文質"。故上下分圖，上爲分封之天下，下爲合同之天下。

以三十卦分三統，上爲夏、殷、周，下爲天、地、人。三皇、小大相配以分古、今，此一説也。上下各三十六宮，①上有化小爲大之法，所以四卦由乾、坤、坎、離綜卦（見本篇第三十四則脚注）求之自得。既已化小爲大，三十六宮與下經同，則以上經爲大統地圖。如《國風》六定局②不入三統之《風》，又如《鹿鳴》之前三十卦（指《小雅》中從《鹿鳴》至《無羊》三十篇，以象輪輻三十之象月。説見廖平《詩經經釋》）爲定局，但詳由小推大，不詳三統。

下經乃蒙上經大統之文，別爲三皇三統循環之法。故上經三十爲三王之三統，下經爲三皇之三統。三皇之循環在下經，不在上經，亦如《小大雅》之分大統。由禹州而推，所謂叔夏（見《論語·微子》："周有八士：伯達、伯适、仲突、仲忽、叔夜、叔夏、季隨、季騧。"）、有夏（《尚書》中凡十餘見。《皇帝疆域圖表》等書讀作"又夏"，爲"將來大統之夏"）、禹甸（本指禹墾闢之地，後指中國之地。典出《詩·小雅·信南山》《詩·大雅·韓奕》："維禹甸之。"）、禹緒（典出《詩·魯頌·閟宮》：

————————

① 見廖平《易經經釋》："上經三十卦，乾、坤、頤、大過、坎、離六卦重數爲三十六宮；下經三十四卦，小過、中孚二卦重數，亦爲三十六宮，合成七十二候。"按，六十四卦中，乾、坤、坎、離、大過、小過、頤、中孚八卦的綜卦爲本卦。

② 《國風》六定局，指《周》《召》《唐》《陳》《檜》《曹》六《風》，於南北兩極各分三《風》而治。説見廖平《詩經國風五帝分運考》。

“奄有下土,纘禹之緒。”毛傳:“緒,業也。”)、禹績[1];由《禹貢》爲車輻,即由《小雅》變《大雅》,上經變下經之説也。

下經三十四卦爲大三統,三十六卦中分,以十二卦爲一統,咸、恒天統伯,既、未地統伯,損、益人統伯。以上經爲案,下經每代以十二卦調劑之,故爲三統並陳之。如用則但詳一代,二後(即二舊王之後)可從略。然下經有伯無君,君皆在上經。乾主咸、恒,坤主既、未,泰、否合主損、益。

蓋經取義不止一端,或合或分,宗例遂變,特以下經三統調用。上經定局,蓋仿《國風》六定、九行[2]之例。上下各有一三統,皇、王所以不同。始小終大,則即變小爲大之本例。

四十

《説卦》方位爲周都雍(雍州,古九州之一。《書·禹貢》:“黑水、西河惟雍州。”),故以乾居西北,八州合於方位。以大統言,則如下經,以十卦分九洛(見本篇第十七則箋注),用大卦(指内外卦同一爻位陰陽屬性相反的卦,又稱少父母)爲主,此方位八卦有小、大之分。卦

①　禹績,見《詩·大雅·文王有聲》:“豐水東注,維禹之績。”又見《詩·商頌·殷武》:“天命多辟,設都于禹之績。”清馬瑞辰《毛詩傳箋通釋》謂“績”通“迹”。九州皆經禹治,因稱禹迹。

②　《國風》六定,見上文“《國風》六定局”箋注。九行,指《邶》《鄘》《衛》《王》《鄭》《齊》《豳》《秦》《魏》九《風》,“分應三統”,“行五運之大法,詳東西而略南北”。說見廖平《詩經國風五帝分運考》。

以綜(指綜卦)言之,長(指内三爻、外三爻的初爻)即變少(少指内三爻、外三爻的第三爻),少即變長。震東,自西言之,則爲少男(内三爻、外三爻的第三爻爲陽爻,此爻别稱爲少男);兑西,自東言之,則爲長女(内三爻、外三爻的初爻爲陰爻,此爻别稱爲長女)。大卦合長男女爲恒、益,少男女爲損、咸,爲婚媾娶生,與小卦内外(内卦和外卦)相同者有别。

惟南北冰海,無晝夜寒暑之可言。既、未反覆,仍爲坎、離,故《詩》於南北言極,東西言罔(無)極,東西曰"東有啟明,西有長庚"(《詩·小雅·大東》)。因地異名,無有定位,南北則曰"莫赤匪狐,莫黑匪烏"(《詩·邶風·北風》)。三統定都不同,左右隨方而改。於《詩》曰:"匪鶉匪鳶,翰飛戾天。匪鱣(zhān,大鯉魚)匪鮪(wěi,鱘魚,一種大魚),潛逃于淵。"(《詩·小雅·四月》)又曰:"匪東方則明,月出之光。"(《詩·齊風·雞鳴》)。皆南北有極、東西無極之説。

四十一

下經始咸,終兩濟①,於四爻同言"貞吉悔亡",②合内外

---

① 兩濟,疑爲"未濟"之誤,因《既濟》無"貞吉悔亡"之語。
② 四爻同言"貞吉悔亡",見《易·咸、未濟》九四爻辭。據廖平《貞悔釋例》,"内卦爲貞,外卦爲悔","不變爲貞,變者爲悔",故貞吉指内卦三爻不變,悔亡指外卦三爻變。又曰:"爻辭之貞悔,多統三爻言,統言則與象同。每爻單言貞悔者,則與朋卦對説,居爲貞,反綜彼卦爲行、爲悔。"

爲一，爲六爻重覆之卦（按，咸與恒、既濟與未濟爲覆卦或反卦），故曰
“悔亡”。“悔亡”之卦八，乾、坤、中孚、小過、臨、觀、大壯、遯
（同“遁”）爲起例，而內變（內三爻變）之八少父母，如咸、恒、泰、
否、損、益、兩濟，亦爲“悔亡”，共十六卦。外有十六卦同此
例。

四十二

　　初説《詩》以日爲天子，月爲伯。據日屬世界日統行星、
行星統月之説言之，不如車輻日數比於州輻。“天有十日”（見
《左傳》昭公七年，又見《黃帝內經素問》），故八州爲一旬。其外大荒
十六牧合四岳爲二旬。言車輻以象月，非獨一日，所謂“何多
日也”（語出《詩・邶風・旄丘》：“叔兮伯兮，何多日也。”）。

　　以地中爲主，左日右月，日月即夙夜、朝夕之義。又日月
雖小大不同，據目見則無別，故至尊無上，託之於天，而以日月
寒暑分主四方，東日西月，北寒南暑。又以風雨分陰陽，“雲
從龍”，龍在東；“風從虎”（語出《易・乾・文言傳》：“水流濕，火就燥，
雲從龍，風從虎，聖人作而萬物覩。”），虎在西。《小畜 xù》“不雨”（見
《易・小畜》卦辭：“密雲不雨，自我西郊。”），“其雨”“日出”（見《詩・衛
風・伯兮》：“其雨其雨，杲杲出日。”），《東山》“零雨”（見《詩・豳風・東
山》：“我來自東，零雨其濛。”），皆於日月寒暑外，再以風雨分方，而

天乃爲之主宰。夫天不言而四時行,日東①月西,寒北暑南。《易大傳》(見本篇第一則箋注)曰"日往月來""寒往暑來"(《易‧繫辭下傳》原作:"日往則月來,月往則日來,日月相推而明生焉。寒往則暑來,暑往則寒來,寒暑相推而歲成焉。"),《中庸》"日月""霜露"(語出《禮記‧中庸》:"日月所照,霜露所隊。"),以雨比霜,以風比露,故用十干以取"天有十日"之説。

八首卦(當指《易》下經十首卦中除損、益二伯外之八首卦)比之旬日,大約經以日比王,王有三十,故日亦有三十。但就中國言,則一王一日。車輻卅王,則爲干支八卦卅日也。《易》之《豐》曰"雖旬无咎",《桑柔》(《詩‧大雅》篇名)曰"其下侯旬",又曰"維旬維宣"(見《詩‧大雅‧江漢》:"王命召虎,來旬來宣:文武受命,召公維翰。")。旬十日,宣當爲二十日。維旬爲八州四維,宣則大荒四維,《泰②》之"苞桑"爲之統屬。《詩》多言"桑",以桑爲日也。

四十三

《詩》以文爲中國,質爲殷商。《蕩》(《詩‧大雅》篇名)七"文王曰咨,咨女殷商",七章爲七襄(典出《詩‧小雅‧大東》:"跂彼織女,終日七襄,雖則七襄,不成報章。"鄭箋:"從旦至莫七辰,辰一移,因謂之七

---

① 東,原誤作"春",據適園本改。
② 泰,疑爲"否"之誤。因下文之"苞桑"不出《易‧泰》,而出《否》九五爻辭:"其亡其亡,繫于苞桑。"

襄。")七子,爲以文化質、周監於殷。一文王爲中,東七殷商爲七州牧,以中國化海外,爲以一服八。除本方不計,故爲七子,一章比一州,與《民勞》(《詩·大雅》篇名)五章比五大洲同,萬不可以爲文王諫紂。

如"女(同"汝")炰然(同"咆哮",引申爲盛氣凌人)於中國",及"內奰(bì,怒)於中國,覃(延)及鬼方(遠方異族)","中國""鬼方",文義明白。使爲殷紂言,不應外之於中國。且"天不湎(沉湎)爾以酒",即西北無酒(見《詩·小雅·伐木》:"有酒湑我,無酒酤我。"《皇帝疆域圖表·成王六篇圖》釋曰:"東南有樂,則有酒;西北無樂,則無酒。")之說。"靡明靡晦","俾晝作夜",非謂長夜之飲,乃謂西極與中國晝夜相反。

且二、三、四章,與時下中西相詬之語,如出一轍。章首兩"上帝",舊說皆指爲紂。至於"其命多辟(bì,君主)"(以上所引均出《詩·大雅·蕩》),即"古帝命武湯"(《詩·商頌·玄鳥》)之義,《殷武》(《詩·商頌》篇名)所謂"天命多辟"也。舊解乃以爲紂之命多邪僻,尤爲不合。文王之於紂,不應詬厲如此。如謂召康公(即召公奭,諡康,故稱召康公)所擬,以臣而擬爲君祖宗之言以諫君,且誣其祖宗以詬厲舊君,皆非情理所應有。似此議論,而垂爲經典,以爲世法,未免非懷刑(畏刑律而守法。典出《論語·里仁》:"君子懷刑,小人懷惠。")之義。紂至惡,文王至聖,古來諫書多矣,又奚取此乎!

四十四

《周》《召》以"南"爲名,《邶》《衛》則以"北"爲主。《周》《召》不言"北",屢言"南";《邶》《衛》屢言"北",而無"南"字。"柏舟"(見於《詩·邶風·柏舟》等)、"北流"(語出《詩·衛風·碩人》:"河水洋洋,北流活活。")、背堂(見《詩·衛風·伯兮》:"焉得諼草,言樹之背?"背,通"北",指北堂。毛傳:"背,北堂也。")、沬北(見《詩·邶風·桑中》:"爰采麥矣?沬之北矣。")),皆爲北。蓋四篇以居行分:二《南》爲朝覲諸侯會同之法,《邶》《衛》爲巡守八洛(前文云"八洛爲八都會")之法。

《邶》居中,《周》《召》南北,《邶》《衛》東西,合爲五方五極。《民勞》五章,《邶》首五篇(指《柏舟》《綠衣》《燕燕》《日月》《終風》五篇),《崧高》五篇(指《詩·大雅》之《崧高》《烝民》《韓奕》《江漢》《常武》五篇),與《易》上、下經同,以五極、五元(據《樂動聲儀》,五元指上元、下元、中元、時元、風元。上元、中元、下元即天氣、地氣、人氣)起例。此《詩》首五篇,當讀爲一篇。一皇、二王後、二大伯,《王會圖》(諸侯朝覲侍立天子左右之圖,參《皇帝疆域圖表·召誥明堂位圖》所附《逸周書王會圖》)之一成王,二夏公、殷公,二周公、召公也(下文云《邶》《衛》配夏、殷二公,二《南》配周、召二公)。

天有五常,地有五極,《民勞》以下五篇(指《詩·大雅》之《民勞》

《板》《蕩》《抑》《桑柔》五篇），皆以五起例。《板》八章，九天八極；①《蕩》八章，文質八荒；《抑》十二章，志言、視、聽②以三分；《桑柔》十六章，首四方中央，"爲謀爲毖（謹慎）"，下由南而東、而西、而北，四方十二章。

　　《崧高》五篇，五嶽分篇，一方一篇，此則合五方言之，每篇皆足。以《崧高》之五合數五方，多至五篇，仿五帝之法，一篇一帝，合數五方，五五合爲二十五，爲五帝，故爲大猷（yóu，道，法則）遠謨（猶謀。見《詩·小雅·巧言》："秩秩大猷，聖人莫之。"莫，通"謨"）。《崧高》則一王之五岳五篇，尚不敵《民勞》一篇之大，所以爲小也。

四十五

　　《説苑》（見《知聖篇》第八則脚注）言："北鄙殺伐，南方生育，王道流南不流北。"（《説苑·修文》原作："爾奚不謂由夫先王之制音也？奏中聲，爲中節，流入於南，不歸於北。南者生育之鄉，北者殺伐之域。"）董子陽實陰空、王者貴德賤刑之經義也（《春秋繁露·陰陽位》原作："陽

---

　　①　九天，見於《楚辭》《大戴禮記》等，即《淮南子·地形訓》所謂"天有九野"：中央曰鈞天，東方曰蒼天，東北曰變天，北方曰玄天，西北曰幽天，西方曰顥天，西南曰朱天，南方曰炎天，東南曰陽天。八極，八方極遠之地。九天八極合於九宮八卦之數。

　　②　言、視、聽，見《論語·顏淵》："非禮勿視，非禮勿聽，非禮勿言，非禮勿動。"《論語·季氏》："君子有九思：視思明，聽思聰，色思温，貌思恭，言思忠，事思敬，疑思問，忿思難，見得思義。"

出實入實，陰出空入空，天之任陽不任陰，好德不好刑，如是也。"）。

北球（今天文學之北半球，南球即南半球）以北極爲北，赤道爲南，東左西右；南球以南極爲北，赤道爲南，西爲左，東爲右。顛倒反覆，同以所向南面赤道爲中心而背北，黑道不取。今地中海正當赤道，兩冰海皆在北，是不北流之實義。所以二《南》同以"南"爲名，而五帶圖又以長短二圈中斜線爲黃道，是又合南北二南（即前述南球、北球均以赤道爲南之意）以爲地中，所謂日中，又不在崑崙（廖平《詩經國風五帝分運考》謂崑崙在冀州中土）矣。以地中爲公，所謂顛倒召令（語本《詩·齊風·東方未明》："東方未明，顛倒衣裳。顛之倒之，自公召之。東方未晞，顛倒裳衣。倒之顛之，自公令之。"）。維南北緯度以赤道正中緯線爲中，東西經度則無正中線，隨地可中。故地中、中國，經傳已二中並見。

四十六

地球五大州，以五帝分司之，《逸禮》（指除《儀禮》十七篇外之《禮古經》部分，相傳有三十九篇。廖平《古學考》謂"《逸禮》即《周禮》之原文"）之說詳矣。《月令》五帝五色，東青、夏赤（主南方）、中黃、西白、北黑，乃《詩》於五色獨立三《頌》著之。素、青、黃即東、西、中，《論語》所謂"緇衣羔裘，素衣麑（ní，幼鹿）[1]裘，黃衣狐裘"（《論語·鄉黨》）是也。南北不立《頌》，故《論語》曰："不以

---

① 麑，原誤作"霓"，據《論語》改。

紺、緅飾，紅、紫不以爲褻服。”而以二《南》司之（前文云《周》《召》主南北），所謂火正①、北正之重、黎是也。②

　　考地球南北極同爲冰海，無晝夜寒暑，東西同在黃道緯度，故東西無極，特南北有之。《北風》赤、黑（見《詩·邶風·北風》：“莫赤匪狐，莫黑匪烏。”）之下，言“既呕只且”（後文云“‘只且’爲鴟、雎二鳩”），所謂南北極也。言無極者，“昊天罔極”（《詩·小雅·蓼莪》），“士也罔極”（《詩·衛風·氓》《詩·魏風·園有桃》），“畏此罔極”（《詩經》中“畏此”“罔極”兩詞數見）。昊天有二，東爲大昊，西爲少暤（即少昊），“昊天罔極”，即謂東西二帝。西北無極，而中央無極，可以起矣。

　　考五帝分司之法，以地中爲都邑，則中國爲震旦（見本篇第十四則箋注），西美（西美指美洲。廖平謂美洲在西半球，又“在崑崙之西，應屬少昊”，故稱）爲西極；青帝建都於中國，則西美爲東，地中爲西；少昊建都於西，則以地中爲東，中國爲西。東西左右，由三統京城而定，平時背北向南，一定不易。此東西無極、南北有

---

　　①　火正，疑爲“南正”之誤。據《國語》《史記》等書載：重爲南正，又爲木正；黎爲北正，又爲火正。未有稱“火正重”者。又，本書下文亦云“以南、北爲重、黎”。
　　②　見《國語·楚語下》：“顓頊受之，乃命南正重司天以屬神，命火正黎司地以屬民。”《史記·太史公自序》：“昔在顓頊，命南正重以司天，北正黎以司地。”

極之説也。至於四朝、四巡①，則以居中赤道爲北，所面遠服爲南。東西二帝，互相左右。

於《詩》爲"顛倒衣裳"。《齊風》云："顛之倒之，自公召之。"《小東》："東有啟明，西有長庚。"②公爲京師，東西爲左右，左右無定，由三統京城而顛倒名之，此啟明、長庚，一星所以有二名也。考《禮記》："日生於東，月生於西。"（《禮記·禮器》原文"日"作"大明"。鄭玄注："大明，日也。"）分陰分陽，一定之例也。《詩》亦以日月分畫夜，乃《齊風》日月皆出東方（見《詩·齊風·東方之日》："東方之日兮"，"東方之月兮"）。又云"匪東方則明，月出之光"（《詩·齊風·雞鳴》），又《東門之枌 fén》（《詩·陳風》篇名）"昏以爲期"，與夫"不日不月"（《詩·王風·君子于役》）"靡明靡晦"（《詩·大雅·蕩》）"不夙則莫（同"暮"）"《詩·齊風·東方未明》，皆顛倒東西而言之。蓋素、青、黃京城不同，則東西左右隨之而變。

《風》《雅》中平分三統，各言一朝之制，故東西之例詳於南北。三統平居，向南而治，非彼此相向。巡行□□□皆□。此

---

① 四朝、四巡，典出《書·堯典》。天子"五載一巡守"，巡守則於二、五、八、十月分別至東南西北四方，稱爲四巡；四朝即"群后四朝"，指四方諸侯在四岳朝見天子。

② 按，《毛詩·小雅》此詩題爲《大東》，蓋取自次章"小東大東"句。楊慎謂周敬王以前遷洛之周爲大東，敬王居狄泉之周爲小東；此詩名《大東》者，爲"紀亂之原也"（見《升庵集》"小東大東"條）。可備一説。廖平則謂大學、大球、大東、《大雅》等爲皇帝之學，小學、小球、小東、《小雅》等爲王伯之學（見氏著《大學中庸演義》），故稱此詩爲《小東》。

《詩》南北二極有定,而東西無定之説也。南北有定,故《周》《召》爲小二伯(前文云《周》《召》主南北),《唐》《陳》爲大二伯(後文云"《唐》爲北方伯,《陳》爲南方伯")。唐爲堯都,陳爲舜後,《詩》不見堯舜,以二《風》爲伯,猶大統皇爲天子,帝爲二伯之意也。

　　《小雅》三《小》(據廖平《詩經經釋》,指《小旻》《小宛》《小弁》三篇)後平分三統,《有菀 yù》(即《詩·小雅·菀柳》)爲《周頌》黄帝,所謂"狐裘黄黄""行歸於周";①《魚藻》(《詩·小雅》篇名)爲青帝,王東方;《魚藻》爲東方。《常華》(即《詩·小雅·裳裳者華》。裳,《魯詩》《韓詩》作"常",故廖平節稱此篇爲《常華》)之左右,則指西極爲左,地中爲右,《瞻洛》(即《詩·小雅·瞻彼洛矣》)爲西極:由《瞻洛》而《魚藻》,由《魚藻》而《有菀②》。即《小旻》《小宛》《小弁》素、青、黄之次序。第三篇(指《瞻洛》)之左右,則以地中爲左,中國爲右,此《小雅》平分三統,各見左右不同之證。

　　各《風》中此例尤繁,東西左右,其文至於數十見,不能折中一是。今以《邶》《鄘》《衛》《王》《魏》《齊》《豳》《鄭》《秦》九《風》,平分三統,一君二臣,三三而九,以明三統左右無定

---

　　①　"狐裘黄黄""行歸於周",語出《詩·小雅·都人士》。按,廖平在《詩經經釋》中,將《都人士》列入《菀柳》十一篇,十一篇"爲京師,爲中知人事"。
　　②　菀,原誤作"宛",據《詩·小雅》改。

之説。君居中,所從之二國,一左一右,即《易》之一君二臣,①
《詩》之從兩牡(牡指雄獸)、兩肩(肩指三歲之獸)、兩狼也(語出《詩·
齊風·還》:"並驅從兩牡兮","並驅從兩肩兮","並驅從兩狼兮")。以
《邶》《衛》爲三統之主,《王》《鄭》《齊》《豳》《秦》《魏》各
《風》,爲其左右之公卿侯牧也。

四十七

《邶》爲《周頌》,如黄帝以地中爲京。《王》以王見,國在
東;《豳》以伯見,主西極。《邶》《衛》,則《邶》東北青帝,以中
國爲都,《衛》如西極。《鄭》與《秦》比,《鄭》東左,《秦》西右。
《齊》與《魏》比,《齊》於中國爲東,《魏》於中國爲西。三《頌》
三統,東西中無極,故隨在可爲東西。三《頌》爲皇帝、爲士,
所謂"士也罔極,二三其德"(《詩·衛風·氓》)"人之無良,二三
其德"(語出《詩·小雅·白華》,原作"之子無良,二三其德。""人之無良"又
見於《詩·邶風·鶉之奔奔》)。

《唐》爲北方伯,如共 gōng 工;《陳》爲南方伯,如祝融。五
帝五方,以東西中爲皇帝,南北爲伯、爲女,所謂"女也不爽
(差),士貳其行"(《詩·衛風·氓》)。三統南北常爲伯,所謂"三

---

① 《易》之一君二臣,語本《易·損》六三爻辭:"三人行則損一人,一人
行則得其友。"廖平謂一人獨行者爲君,二人同行者爲臣。詳氏著《易生行譜
例言》"三人行則損一人,一人行則得其友。得臣無家"條。

歲爲婦"（《詩·衛風·氓》）"三歲貫女"（《詩·魏風·碩鼠》）"莫赤
匪狐,莫黑匪烏"（《詩·邶風·北風》）。惟其如此,《唐》《陳》主
南北,故兩《風》同言"冬之日,夏之夜",①爲南北二極。《陳
風》三言"東門",因三統有三東三西,故兩《風》連類言之。非
得此説,《風》《雅》中東西左右,無以馭之矣。

四十八

《王風》"一日不見",如"三月""三秋""三歲"（語出《詩·
王風·采葛》:"彼采葛兮。一日不見,如三月兮。彼采蕭兮。一日不見,如三
秋兮。彼采艾兮。一日不見,如三歲兮。"）。以三倍之法推之,一秋爲
三月,三秋爲九月,則三歲當爲二十七月。《喪服》:五服始於
緦 sī 麻三月,終於斬衰 cuī 三年。《禮記》"三年之喪",其實二
十七月。② 是《采葛》之三月、三秋、三歲,與喪期巧合。

喪服皆麻葛所爲,舊説以素衣、素冠、素韠（見本篇第二十二

---

① "冬之日,夏之夜",《詩·唐風·葛生》原作:"夏之日,冬之夜";"冬
之夜,夏之日"。又,《陳風》無此二句,但言"無冬無夏"。《皇帝疆域圖表》中
認爲,諸如此類"皆謂寒暑相反,晝夜不同"。故廖平此處稱"兩《風》同言'冬
之日,夏之夜'",蓋屬連類言之。

② 按:古制三年之喪,説者紛紜。如鄭玄以爲二十七月,王肅以爲二十
五月。清人王文清《"三年之喪二十五月而畢"考略》云:"二十五月者,喪之正
服也;其喪後所服至二十七月者,孝子哀情未忘之餘服也。"廖平二十七月説,
參其弟子洪承光編《群經大義·喪紀篇》於"三年之喪何以二十五月"下之注:
"一作二十七月,以期爲斷,加隆再期,中月而禫,至二十七月乃行吉禮,故爲
二十七月。"

則箋注)爲喪服。東帝爲"緇衣羔裘"(《論語·鄉黨》),西帝爲"素衣麑(ní,幼鹿)裘"(《論語·鄉黨》)。素衣爲"麻衣如雪"(《詩·曹風·蜉蝣》),"羔裘(用紫羔所製黑色皮衣,諸侯、卿、大夫之朝服)玄冠(又稱委貌。爲常服之禮冠,由黑繒製成)不以弔(弔喪)"(《論語·鄉黨》),以此知東西之緇衣、素衣,是以吉服、凶服爲起例。蓋東南生育,西北肅殺,生育者樂,肅殺者哀,《詩》中哀樂實由吉服、凶服而起。

《禹貢》"弼成五服",與"衣服"之"服"同字。大統十五服,《羔羊》之"五紽""五緎""五總",①《干旄》之"五之""四之""六之"(語出《詩·鄘風·干旄》:"素絲紕之,良馬四之";"素絲組之,良馬五之";"素絲祝之,良馬六之")是也。考《禮》凶服有五,吉服有五,齊(同"齋",齋戒)服有五,合爲十五。以東服爲吉,西服爲凶,中服爲齊。吉服五,冠、昏(同"婚")用之,冠用緇布冠(用黑色麻布製成的一種禮冠,爲士和庶人常用)。東南喜樂,冠、昏屬之;西北哀,故用凶服;中央齊,《周禮》齊服有玄端、素端(見本篇第二十二則"齊以端"箋注)。東吉西凶,中央兼用之。玄端,即《論語》之"不以弔"之玄冠;素端,即《詩》之素冠。

以喪服五服比疆域,則《周禮》九畿萬里(見《知聖篇》第六十三則脚注。九畿九千里,兼藩則爲一萬里)爲緦麻三月,帝幅(即帝輻,帝

---

① "五紽 tuó""五緎 yù""五總",語出《詩·召南·羔羊》:"素絲五紽""素絲五緎""素絲五總"。王引之《經義述聞》:"紽、緎、總皆數也","五紽二十五絲,五緎一百絲,五總四百絲"。

統幅員、版圖)五千里爲三秋,皇幅(即皇輻,全球皇統幅員、版圖)三萬里爲三歲。

　　《齊詩》以哀樂爲《詩》大例,孔子論《關雎》亦言哀樂,哀樂實即吉凶。吉服用緇用緣(衣服的鑲邊),凶服用麻用葛。必用吉凶二服立説,而後哀樂爲有根。且推之《易》之吉凶,疑皆爲此例。以齊、吉、凶三門之十五服立説,而後大統之十五服各有宗主。推之於《易》,無不可者也。裳取七幅,在大八州、八荒之中,布帛幅十五升、三十升(布八十縷爲一升),皆於經各有取義。

四十九

　　《易》上、下經有順逆兩讀之法,一卦六爻亦有順逆兩讀之法。上經以乾、坤爲主,由中及外,則順行至離,再由未濟逆行至咸,如北斗陽神之左行團團轉(參《淮南子·天文訓》:"北斗之神有雌雄","雄左行,雌右行")。下經陰神,由外至內,則由咸至未濟,順行;再由離至乾,則爲逆行。陽於陽地順,陰地逆;陰於陰地順,陽地逆。

　　《公羊》"内中國外諸夏,内諸夏外夷狄"(《公羊傳》成公十五年)之法也,一卦順逆兩讀者。上經由初爻順行至上爻,下經由上爻逆行至初爻,此下經"貞吉悔亡"之例。而上經之客,亦有由上逆行至四,下經之客,亦由初順行至三,此互爲賓主之法也。上、下經十卦二十四①皆同，惟下經多四首卦，合爲十首卦，故曰"益之十朋之龜"（見本篇第三十九則箋注）。

經②六首惟泰、否相綜（互爲綜卦）連茹③之説，由屯 zhūn、蒙綜，故亦有"漣如""邅 zhān 如"（語出《易·屯》上六爻辭"泣血漣如"、六二爻辭"屯如邅如"。兩詞當與前述"連茹"同義）之説。由上經泰、否至坎、離二十卦，似坎、離爲終無統屬。不知泰、否統八卦，由臨、觀而止；坎、離亦統八卦，逆行由噬嗑 shìhé 而終。一順一逆以示例，故中有十六小卦（指同人、大有、謙、豫、隨、蠱、臨、觀、噬嗑、賁、剝、復、无妄、大畜、頤、大過十六卦），與下經咸、恒、損、益所統十六卦（指遯、大壯、晉、明夷、家人、睽、蹇、解、夬、姤、萃、升、困、井、革、鼎十六卦）同。下經由震、艮至未濟十四卦，共六首，震、艮、巽、兌不計，以兩濟配坎、離，各統四卦爲八卦，以配坎、離。損、益居中以統三十二卦，所以爲下經十朋大龜建侯之法也。

《易》以順逆分古今往來，上自泰、否，下爲大、同（即大有、同人），爲知來。《傳》："知來者逆"（《易·説卦傳》），"神以知來"

---

① 二十四，疑爲"二首"之誤。二首，即二首卦。前文云《易》上經三十、乾、坤、坎、離、泰、否六首卦，較下經少四卦"，"下經益以震、艮、巽、兌四卦爲十首"，結合廖平《四益易説》來看，則上經之乾、坤、坎、離、泰、否六首卦，對應下經之咸、恒、損、益、既濟、未濟六首卦，均爲每十卦有二首卦，即下文之二首卦統八卦。

② 據文意，"經"前疑脱"上"字。

③ 連茹，典出《易·泰》初九爻辭、《易·否》初六爻辭："拔茅茹，以其彙。"王弼注："茅之爲物，拔其根而相牽引者也。茹，相牽引之貌也。"後以連茹比喻互相牽引，不易分開。

（《易·繫辭上傳》）。《中庸》“至誠之道，可以前知”，前知所以爲下俟（即“百世以俟”之意）之根本。

《詩》《易》之人名、事實，皆指後世以下翻譯之辭，斷斷乎不指古人古事。故其中名字，偶與古人同，萬不可以古人説之。以古立説，亦萬不能通。聖人不嫌苟同者，以二經專言俟聖。宗旨既別，《尚書》《春秋》則所指專爲古人，不待知者而決。此前賢以古人古事説二經，所以流弊無窮也。

《易》之帝乙，即後世假干支作記之法，“乙”即所謂“某”。《易》之箕子、高宗，《詩》之成王、平王，明明古有其人，而舊説不無異解，特以實指其人則文義多连，不能不别立一説，因此可悟二經必無真古人也。他如《長發》（《詩·商頌》篇名）曰商湯、曰商王、曰武王，又曰玄王；《有聲》（即《詩·大雅·文王有聲》）既曰文王、武王，又曰王后、曰王公，又曰皇王。

望文生訓，左支右絀，①故二經無一定説，無一通家。凡舊所傳二經解義，於經則實無一明切、文從字順、心安理得之境。所以不得不求古義而變通其説，以求微言大義也。

---

① 左支右絀，典出《戰國策·西周策》：“我不能教子支左屈右。”《史記·周本紀》引作“支左詘右”。後轉爲“左支右絀”。本指支左臂持弓，彎右臂扣弦。引申爲顧此失彼，窮於應付。

五十

《尚書》"周公篇"（見《知聖篇》第六則脚注），兼言《多士》《多方》（據廖平撰、黃鎔述《書中候弘道編》，《多士》爲"戌年北巡上方殷同之誥"，《多方》爲"午年南巡下方時會之誥"），此從《王會圖》起義。内外已通，特未大同混一耳。

《王》《鄭》《齊》爲三王起例，《王》比夏，《鄭》比商，《齊》比魯，即《詩》之《魯頌》，《尚書》之"周公篇"。《王風·揚之水》四篇爲四岳；五《山經》（即《山海經》之南、西、北、東、中五《山經》）。《鄭風·羔裘》以下十六篇，爲要、荒外十六州，即《堯典》之十二州；《海内經》（即《山海經》之《海内經》四卷）。《齊風》之東方爲海外八紘八極①；《海外四經》（即《山海經》之《海外經》四卷）。《邶風》每方三篇，②初爲八殥（yín。八方邊遠之地），《燕燕》《雄雉》《式微》《泉水》。次爲八紘，《擊鼓》《匏 páo 葉》（即《匏有苦葉》）《旄丘》《北門》。次爲八極；四《風》（指《終風》《凱風》《谷風》《北風》）與《簡兮》。《鄭風》首五篇爲五《山經》，《緇衣》東。《將仲子》南。《叔》（即《叔于田》）

---

① 八紘 hóng，見《列子·湯問》："八紘九野之水。"張湛注："八紘，八極也。"《淮南子·地形訓》："九州之外，乃有八殥，亦方千里。……八殥之外，而有八紘，亦方千里。……八紘之外，乃有八極。"高誘注："紘，維也。維落天地而爲之表，故曰紘也。"又注："八極，八方之極也，言其遠。"

② 三篇，原作"二篇"，據適園本改。下文《邶風》十三篇與四方的對應關係，參廖平《四益詩說·詩學質疑》"《邶風》二十篇證"條。

西。《大叔》①北。《清人》。居中。

五十一

《帝典》(見《知聖篇》第十則箋注)二十二人爲外諸侯(見《書·堯典》："帝曰：'咨！汝二十有二人，欽哉！惟時亮天功。'")，《春秋》不及要荒，故無外州十二牧。《尚書》八元、八愷，②加入羲、和(羲氏、和氏的並稱，堯時掌天文星曆的官員。東漢馬融謂"羲氏掌天官，和氏掌地官，四子掌四時")、四凶(見《知聖篇》第十三則脚注)，爲二十二人。

下經則全有之：十首損、益爲二伯，震、艮、巽、兌、既、未、咸、恒爲八伯，外有十六牧、八監，共三十六③。二十四侯監(即前文之"十六牧、八監")，小卦相綜爲十二，共爲二十二，以合《帝典》外諸侯之數，特首卦一卦爲一小卦，合綜爲二耳。

然内八州，外當爲十六州，《尚書》如於十二牧外，再數四凶，亦爲十六。經有十二州十二牧明文(見《書·舜典》："肇十有二

---

①　大叔，原作"大將"。《鄭風》首五篇有《大叔于田》，廖平簡稱之爲《大叔》，又訛作"大將"。據改。

②　八元、八愷，見《左傳》文公十八年："昔高陽氏有才子八人，蒼舒、隤敳、檮戭、大臨、尨降、庭堅、仲容、叔達，齊聖廣淵，明允篤誠，天下之民謂之八愷。高辛氏有才子八人，伯奮、仲堪、叔獻、季仲、伯虎、仲熊、叔豹、季貍，忠肅共懿，宣慈惠和，天下之民謂之八元。"《書尚書弘道編》云《左傳》八元、八愷説出《尚書》，如《舜典》"爰昕"即八愷中的"蒼舒"，"朱、虎、熊、羆"即八元中的"伯虎、仲熊、叔豹、季貍"。

③　三十六，疑爲"三十四"之誤。據前文，二伯、八伯、十六牧、八監，其數合計爲三十四。又，《易》下經共三十四卦。

州，封十有二山。”又曰：“咨，十有二牧！”《皋陶謨》：“州十有二師。”），則必以東邊海不立州，故外州只十二。大統車輻圖，則内八外十六，不如①中國東邊不置，此咸恒、兩濟所以各統八卦，合爲十六牧。損、益所統八小卦當爲監，一卦監一内州、二外州，内外共二十四州，一州三監，當得七十二監。今以八卦當之，是三州設一監，一監三大夫，一監一州以示例。

　　監爲天子内臣，《易》“蠱”，《詩》作“鹽”（《詩經》中“王事靡鹽”凡十餘見），從監，古聲。“鹽”即爲“蠱”。故曰“幹蠱”“裕蠱”（語本《易·蠱》爻辭：“幹父之蠱”，“幹母之蠱”，“裕父之蠱”。據後文，“幹”“裕”當與“澣”“浴”通，皆取維新之義），曰“不事王侯，高尚其志”（《易·蠱》上九爻辭），則“蠱”字當以“鹽”爲正。王之卿爲從王事，監則爲天子臣，故曰“高尚其志”。“王事靡鹽”，謂從王事者，則不能爲監。《周禮》，大統之書，屢言立牧、設監，《詩》屢言天監、降監，皆爲蠱卦言也。皇爲泰、否，大伯爲損、益，二帝二濟，如《周》《召》爲君子，爲父母卦，所以云爲“澣（同“浣”）父”“浴母”（見《詩·周南·葛覃》：“薄污我私，薄澣我衣。害澣害否，歸寧父母。”）。

　　鹽又作“故”、作“胡”（蓋以“鹽”“故”“胡”音同字通之故）。《易》“匪躬之故”（《易·蹇》六二爻辭），《詩》“胡能有定”（《詩·邶風·日月》）“胡然天帝”（《詩·鄘風·君子偕老》原作：“胡然而天也，胡然而帝也。”）“狼疐（zhì，踐踏，踩着）胡尾”（《詩·豳風·狼跋》原作：“狼跋其胡,載疐其尾";"狼疐其尾,載跋其胡"),"胡""故"皆謂爲監,由天子使,故曰"天命降監"(《詩·商頌·殷武》)"天監在下"(《詩·大雅·大明》)也。

<h1 style="text-align:center">五十二</h1>

《尚書》以妹土爲土中(見《書·酒誥》:"小子惟一妹土。"《書中候弘道編》注:"中央未邦,九夏九洛之心。"按:未、妹相通;未爲地支名,於五行屬土,於五方屬中),推之大九州,當有八妹。故《莊子》有九洛之説,《詩》以此爲大例。《豳》《小雅》兩言"予未有家室"(《詩·豳風·鴟鴞》《詩·小雅·雨無正》原文均作:"予未有室家。"),"未"讀爲"妹",謂西方妹土立有家室。如周公曰"予未"(據《毛詩序》,《鴟鴞》爲周公所作以遺王之詩),"未"讀如"妹",不如舊讀。言"予妹"以別於中國之"妹"。他如"彼其之子"(語出《詩經》,凡有數見)、"其"爲"淇"。"妹者子"(《詩·鄘風·干旄》《詩·齊風·東方之日》)、"妹"當爲"妹"。淇上(見《詩·鄘風·桑中》:"送我乎淇之上矣。")、浚下(見《詩·邶風·凱風》:"爰有寒泉,在浚之下。"),皆謂各州土中。九州有九大荒,更有十六妹土也。《易》曰"見妹"、曰"歸妹",又曰"王家""王廟""王居""王庭""遇主于巷"(《易·睽》九二爻辭),皆九洛之説,故不一而足。

大凡《詩》《易》之主皆以侯牧爲正解,故以王比日而曰旬。《北山》(《詩·小雅》篇名):"普天之下,莫非王土;率土之

濱,莫非王臣。"《易》曰:"王臣蹇蹇。"(《易·蹇》六二爻辭)九有
(典出《詩·商頌·玄鳥》:"方命厥后,奄有九有。"毛傳:"九有,九州也。")則
八王布滿天下,非一王一國故也。他如"四國有王"(《詩·曹
風·下泉》),"王國克生,惟周之楨(骨幹)"(《詩·大雅·文王》),以
天下屬皇帝,以國屬王,國如中國,即曰王國。天下不止一國,
則必不止一王。又曰"王于出征,以佐天子"(《詩·小雅·王于出
征》),又曰"帝謂文王"(《詩·大雅·皇矣》)。故二經之王,雖與
《春秋》《尚書》之王同,而自皇帝言之,則爲侯牧。如秦始皇
自稱皇帝,則諸侯得以王爲號之制也。

五十三

　　《詩》以上帝爲皇,所謂"皇矣上帝"(《詩·大雅·皇矣》)"上
帝是皇"(《詩·周頌·執競》)"有皇上帝"(《詩·小雅·正月》)是也;
又以皇爲祖,所謂"皇祖后稷"(《詩·魯頌·閟宮》)"先祖是皇"
"皇尸(尸指祭祀時代先祖受祭的活人)載(則)起"(兩句均出《詩·小雅·
楚茨》)是也。天下一家,故以皇爲祖,二后二帝爲父母,八王爲
昆弟,十六二伯爲子,五十六卒正爲孫。《檜 kuài》《曹》(《詩·國
風》之《檜風》《曹風》)是也。朝廷君臣,閨門父子,不用君臣之義,
而以祖父孫子言之,所謂天下一家、縮遠爲近、化疏爲親之法。
"樂只君子,民之父母"(《詩·小雅·南山有臺》),是以二伯爲父
母,八王即爲民。

五十四

五帝:《頌》標素、青、黄,《論語》所謂"不取紺、緅、紅、紫",郯 tán 子(春秋時郯國國君,孔子曾師之)名亦詳龍、鳥、雲,而略水、火(詳《左傳》昭公十七年),以二極爲伯,所謂"莫赤匪狐,莫黑匪鳥""三歲爲婦"(《詩·衛風·氓》)之説。郯子於北方,以爲共 gōng 工伯而不王。《左傳》於五常墟外,言鄭爲高辛氏火正祝融之墟(詳《左傳》昭公十七年)。五極,三帝二伯,故《詩》但立三《頌》,而以南、北爲重、黎(見《史記·太史公自序》:"昔在顓頊,命南正重以司天,北正黎以司地。")。

考地球南北有極,冰海下不成晝夜寒暑,非黄中,故不入統。東西中則就黄道分爲三段,皆在地中心。《詩》云:"女也不爽","士也罔極","畏此罔極","昊天罔極","人之無良"(《詩·鄘風·鶉之奔奔》),①"良"讀爲"常"。皆爲東西中無極之説,同以有極爲惡、罔極爲美。《北風》云"既亟只且","只且"爲鳲(shī,鳲鳩)、雎(雎鳩)二鳩,爲南極北極,以二鳩分占冰海二極。南北經,東西緯,"涇以渭濁"(《詩·邶風·谷風》),即喻經緯。東西中無極,即"中心有違"(《詩·邶風·谷風》),"違"即"緯"也。如今地球緯線皆黄道,故"東有啟明,西有長庚"。

---

① "人之無良",原爲夾注,據文意改爲正文。

隨地可以爲中,不似南北之以極定位,今故取地中無極之三統以立法。京在赤道地中,四面四時朝,今諸侯以所面爲南,所背爲北。

《王》《鄭》《齊》,東皇,以西極爲左,地中爲右(前文亦云五帝分司之法,"青帝建都於中國,則西美爲東,地中爲西"),故云"匪雞則鳴,蒼蠅之聲","匪東方則明,月出之光"(兩句均出《詩·齊風·雞鳴》),東以西爲東也。他如"匪鶉匪鳶""匪鱣(zhān,大鯉魚)匪鮪(wěi,鱘魚,一種大魚)"(兩句均出《詩·小雅·四月》)"匪兕(sì,野牛,一説指雌犀)匪虎,率彼曠野"(《詩·小雅·何草不黃》),皆爲此例。《周頌》王中央,固以西極爲西,東極爲東(前文亦云五帝分司之法,"以地中爲都邑,則中國爲震旦,西美爲西極");《商頌》王西極,則以地中爲東,東極爲西(前文亦云"少昊建都於西,則以地中爲東,中國爲西")。《魯頌》,前已詳。東西左右,隨所居之極而變,所謂東家之西,即西家之東。

《詩》東西左右有三等之辨,故其例最繁。《大雅》、三《頌》爲三皇王地中正例。《小雅》三《小》以下,則就本統分封,各詳其左右之所在,如戰國圖,以示三統平等之例。分而不合,故曰《小雅》。若《大雅》、三《頌》,則以周王土中爲人皇,東西二極爲二皇後(小三統存二王之後,則大三統上升爲存二皇之後),《周》《召》爲二伯,《唐》《陳》《檜》《曹》爲四岳。以地中爲主,不似《小雅》之平列三等,不分賓主。

五十五

　　火、木二道諸小行星，近乃測得，西人皆以"女"名之。列於《談天表》(今未見此表)中一百十餘星，皆以"女"名。如穀女、武女、醫女、王女、歌女，百二十名無異焉，中惟一星名天后。后亦女也。

　　《詩》法天行，五際、五行爲五緯星。五緯爲君、爲男、爲士，則各小行星爲女，以女配子爲好。《詩》之以女比小國，即西人以名諸行星之法也。尊大者爲士、爲王，小者爲后、爲女。《詩》之士、女當爲此例，非真男女也。諸小行星百二十可以比於內官(宮中的女官屬)，以諸行星各帶有月自繞，如八州牧之卒正。本地球只一月，如《詩》記曹，《春秋》之記許，實有七卒正。經只一見，舉一以爲例耳。

　　《禮運》言天下一家，中國一人(《禮記·禮運》原作："故聖人耐以天下爲一家，以中國爲一人者，非意之也。")，實《詩》《易》之大例。《佐治芻言》(見本篇第十二則腳註)深明此理，以天下比室家，男女配合，即平治天下之大綱。

五十六

　　董子言《公羊》諸說詳矣，五行諸文，則以爲子家緒說。

今實考之，乃《詩》《易》之微言，所當細心推考。蓋《詩》《易》詳百世以下之事，故《板》(《詩·大雅》篇名。廖平、黃鎔謂該詩所反映的藩、垣、屏、翰、寧、城六畿爲九州外疆域典制)土君皆藉位起例。凡地土名號，皆久而必變，不足以與天地終始。如今海國名號，分合疆宇，水陸數十年小變，數百年大變。從開闢以至毀滅，不審作何等變象。故孔子之經，欲括囊終始，不得不藉天道以取象。所謂"萬古不失九道謀"(孔穎達《禮記正義》引《尚書考靈曜》)，言天道則一成不變，名物象數方能定。所以不言人事而詳天，以人無常而天不變也。《詩》之言行皆謂五星陰陽，故陰陽五行爲《詩》《易》之專説，非子家，乃經説。

五十七

古文家專以"好古敏求"(語出《論語·述而》："子曰：'述而不作，信而好古，竊比於我老彭。'子曰：'我非生而知之者，好古，敏以求之者也。'")說孔子，所謂"祖述堯舜，憲章文武"(《禮記·中庸》)，《孟子》所謂"守先王之道，以待後之學者"(《孟子·滕文公下》)。

案：《春秋》《尚書》爲行事，以述古説二經尚可。至於《詩》《易》，全爲百世以後言之，事非古事，人非古人，"静言思之"(《詩·邶風·柏舟》《詩·衞風·氓》)，因心作則。後儒之説二經，亦以爲述古。"血氣""尊親"(語出《禮記·中庸》："凡有血氣者，莫不尊親。")，非古所有，事本創作。以爲師法帝王，則宗旨舛

(chuǎn，違背)失。故《莊》《列》於諸經説，貴作賤述，至比諸經於芻狗陳迹，其言"迹者，履之所出，而非所以爲履"(語出《莊子·天運》，與原文略異)諸條，皆以賤述貴作。"仲尼没而微言絕，七十子卒而大義乖。"(語出《漢書·劉歆傳》載《移書讓太常博士書》，原作："夫子没而微言絕，七十子終而大義乖。"《漢書·藝文志》所載略同。)後世經説皆以孔子爲述，故極言述之不足貴，以明孔子作而非述之宗旨。述於小統爲近似；至於大統，斷爲作，而非述也。

五十八

《大學》"平天下"章，歸重(猶推重)"絜 xié 矩"(絜，度量。矩，法度。絜矩比喻道德規範)。① 居中爲忠，前後左右皆得其宜爲恕，"絜矩"即忠恕之道。《論語》由、求進退(見本篇第三十四則"《論語》言孔子進退之法"及脚注)，即裁成狂狷以合中行(語本《論語·子路》："子曰：'不得中行而與之，必也狂狷乎。狂者進取，狷者有所不爲也。'")。《中庸》"子路問强"，孔子言南北之强，事各不同，而

---

① 見《禮記·大學》："所謂平天下在治其國者：上老老而民興孝，上長長而民興弟，上恤孤而民不倍，是以君子有絜矩之道也。所惡於上，毋以使下；所惡於下，毋以事上；所惡於前，毋以先後；所惡於後，毋以從前；所惡於右，毋以交於左；所惡於左，毋以交於右。此之謂絜矩之道。"

折中於君子,"寬柔以教",至君子居之"中立而不倚",①中立
爲忠,不倚爲恕。

以下經言之,咸東恒西,既北未南。四首卦爲前後左右,
而損、益居中以化成之。東西以仁義比,南北以水火比,於東
損柔而益以西方之義,於西損勇而益以東方之仁,北則損水而
益火,南則損火而益水。損其本來之性情,而益以相反之學
問。

由也進,退之;求也退,進之。損益之後,則"溫而厲,威
而不猛"(《論語·述而》);"溫而厲","剛而無虐"(《書·舜典》)。
聖人居中,調劑四方,化成萬物,不必有所作爲,取四方相成相
反之義,去其有餘,以補不足。

《大學》"所惡於前",至"無以交於右",人情好惡喜同:
柔惡剛,勇惡怯;熱惡寒,寒惡熱。損益之道,損其過,即去其
所惡;益其不足,即進之以所喜。既經損益之後,水不易深,火
不易熱,柔者能剛,剛者有柔,此"絜矩"之道。自革純民,以
化成天下,功用全在損益。推究其義,未嘗不可曰:"所欲與
之聚,所惡勿施爾也。"(《孟子·離婁上》)但俗解"絜矩",只能求
悅於四方,不能化成於天下,乃伯主小康之屬,非皇帝甄陶(本

---

① 見《禮記·中庸》:"子路問强。子曰:'南方之强與?北方之强與?
抑而强與?寬柔以教,不報無道,南方之强也,君子居之。衽金革,死而不厭,
北方之强也,而强者居之。故君子和而不流,强哉矯。中立而不倚,强哉矯。
國有道,不變塞焉,强哉矯。國無道,至死不變,强哉矯。'"

指燒土爲器,此指化育)萬物大經也。

五十九

《論語》"子張問十世"章,①三統之法,專主"益損",即《易》二卦名。今案:以上經言,則乾夏、坤殷,泰、否爲損益;以下經言,則咸東、恒西,損、益爲損益。夏、殷爲《魯》《商》(即《詩經》之《魯頌》《商頌》),即文、質二家。損、益本兼四方,包坎、離、未、既而言。詳東西青素,而略南北赤黑,故但言二代以成三統之制。猶"學而時習之"章,②"時習"爲坤、爲殷,"朋來"爲乾、爲夏,"君子",居中皇帝,時以損益爲文質以成爲彬彬君子(語本《論語·雍也》:"質勝文則野,文勝質則史,文質彬彬,然後君子。")之義。

《月令》"鷹乃學習",《坤》之二(六二爻辭)曰"不習无不利",故"學而時習之"爲坤卦之説。考坤卦二、五爻變爲坎(坤卦由第二、第五陰爻變爲陽爻,即成坎卦),象二鳥子母雙飛之形。乾、坤,乾主東北,坤主西南。《時則訓》(《淮南子》篇名):春則"鷹化爲鳩",到秋則"鳩化爲鷹"(《禮記·王制》),因時變化故

---

① 見《論語·爲政》:"子張問:'十世可知也?'子曰:'殷因於夏禮,所損益,可知也;周因於殷禮,所損益,可知也;其或繼周者,雖百世可知也。'"

② 見《論語·學而》:"子曰:'學而時習之,不亦説乎?有朋自遠方來,不亦樂乎?人不知而不愠,不亦君子乎?'"

曰時。《坎》之《象》曰"習坎",坤主西,二、五變坎爲子母雙飛,如鷹之學習。

"悦"從"兑",兑西方,《坤·象》曰"東北喪朋",到《乾》"東北得朋",乾居東。二、五變(指陽爻變爲陰爻)而爲離,二、五變則上下皆從之,爲"朋來"之象。陽變陰,《乾》之五曰"飛龍在天",由坤化"朋"。"飛龍在天,利見大人"(《易·乾》九五爻辭),即《詩》之"黄鳥于飛""其鳴喈 jiē 喈"(語出《詩·周南·葛覃》:"黄鳥于飛,集于灌木,其鳴喈喈。"毛傳:"喈喈,和聲之遠聞也。")。

坤變爲"時習"、爲"學習",乾變爲"朋來不亦樂乎"。東方主樂,"樂"爲文,"悦"爲質,"文質彬彬",合二代爲君子。《詩》曰:"憂心悄悄,愠于群小"(《詩·邶風·柏舟》);"知我者,謂我心憂;不知我者,謂我何求"(《詩·王風·黍離》)。"愠于群小",則分崩不合,因爲憂心,不知不愠,則化一爲同,皆取二代以成彬彬之君子。

孔子之"學",以皇帝爲歸宿。《論語》首章即言三皇,《詩》之三《頌》,非爲儒生言訓蒙(教誨開導)束脩(指束帶修飾即年十五以上者。典出《論語·述而》:"子曰:'自行束脩以上,吾未嘗無誨焉。'")之事也。

<h1 style="text-align:center">六十</h1>

言政有新舊黨,言學有新舊派。《大學》"新民",《詩》之

“污”“瀖”（見《詩·周南·葛覃》：“薄污我私，薄瀖我衣。”朱熹集傳：“污，煩撋之以去其污。”），《盤銘》“日新”（見《禮記·大學》：“湯之《盤銘》曰：‘苟日新，日日新，又日新。’”），皆取維新之義。由開闢以至今日，由今日以至千秋萬歲，初蠻夷而繼文明，日新不已，臻於美善。今之文明遠過古人，後來又必遠過今日，一定之例也。

孔子之教，創始於春秋，推行於唐宋。今當百世之運，“施（yì，延）及蠻貃（mò。蠻貃本指古代南方和北方部族，泛指四方少數民族）”（《禮記·中庸》），方始推行海外。數千百年後，合全球而道一風同。“凡有血氣，莫不尊親”，乃將來之事，非古所有。而世俗之説，則與此相反，皆謂古勝於今。《中庸》言大統，有“生今反（同“返”）古，災及其身”，亦初蠻野、漸進文明之義。

乃俗解道家亦貴古賤今，如上古之“民至老死不相往來”（《老子》第八十章）“剖①斗折衡，而民不争”（《莊子·胠篋》）“聖人不死，大盜不止”（《莊子·胠篋》）諸説，不知此乃道家之反言。貴大同，賤小康，道家定説也，今乃賤今貴古，必係有爲而言。蓋典章文物，後人勝於前人；至於醇樸之風，則實古勝於今。諸家言皇帝、王伯升降，皆以爲古風醇厚，後世澆薄（浮薄。澆，薄也）；故皇帝功用，典章文物，則欲其日新月異，而性情風俗，則欲其反樸還純。至新之中有至舊之義，“百練鋼化爲繞指

① 剖，《莊子》一本作“捊”。捊 pǒu，擊破，砸碎。

柔"（語出《文選·劉琨〈重贈盧諶〉詩》："何意百煉鋼,化爲繞指柔。"）,新則至新,舊則至舊。由小康以臻大同,是由《春秋》以返古之皇帝,疆域最大,風俗最純。

　宰我所問之五帝德（詳《大戴禮記·五帝德》《孔子家語·五帝德》）,《詩》《易》所謂"不識不知"（《詩·大雅·皇矣》）"無聲無臭"（《詩·大雅·文王》）,西人所著之《百年一覺》①:文明則極其文明,純樸則極其純樸,不用兵爭,恥於自私,相忘於善,不知所謂惡,二者並行不悖。惟其未能文明,所以不能純樸。文明爲純樸之根,文明之至,即純樸之至。開闢之初,狉狉榛榛（pīpīzhēnzhēn,野獸出没,草木叢雜,指文明未開的原始景象）,乃未至文明之純樸,非君子所貴。文明之至,反於純樸,乃爲帝王盛業。比如孺子執筆書寫,天然古趣,有善書者所不到,然此乃蠻野之文明。必考古法,就準繩,精誠之至,神明於法度,老而合於赤子,文明與純樸,皆盡其長,乃爲盡美盡善。

　經傳古説兼存二義,相反相成,各有妙理。學者不通其義,偏持一解,以爲凡事皆今不如古。不知即純樸一事,古來猶雜蠻野。必後世之皇帝一統大同,文明與純樸交盡,乃真所謂純樸,則亦未嘗不後人勝於前人。

---

　① 《百年一覺》,美國人愛德華·貝拉米撰寫的一部政治烏託邦小説,由英國來華傳教士李提摩太譯成中文,1894 年由上海廣學會出版。一名《回頭看紀略》。梁啟超稱其文"懸揣地球百年以後之情形,中頗有與《禮運》大同之義相合者,可謂奇文矣"。

六十一

舊解《國風》，其分配近於百變矣。今以《易》勘合於三終（指樂詩的三章。典出《儀禮·大射儀》："乃歌《鹿鳴》三終。……乃管《新宮》三終。"前文云："卦之三爻，《詩》之三終，皆以衣、裳、裘爲起例。"）外，再詳五九例。首五國（指《周南》《召南》《邶風》《鄘風》《衛風》）爲一天子、四上公，配上經六首；以下十《風》（指《國風》自《王風》至《豳風》十《風》）配下經，爲八伯、二小國，所謂"其下維旬"（見《詩·大雅·桑柔》："其下侯旬。"《詩·大雅·江漢》："王命召虎，來旬來宣：文武受命，召公維翰。"）。

考《王會圖》，王立於中，如《邶風》。二伯周、召二公居左右。《公羊》所謂"天子三公稱公"（《公羊傳》隱公五年），則二《南》是也。王後夏、殷二公居堂下之左，《公羊》所謂"王者之後稱公"（《公羊傳》隱公五年），《春秋》之杞、宋，《鄘》《衛》二《風》配之。

五方五帝，《邶風》首五篇：《綠衣》爲《邶》，《柏舟》《燕燕》爲《周》《召》，《日月》《終風》爲《鄘》《衛》。

上經之乾、坤、坎、離居四方，以泰、否居中臨馭四方。一皇四帝，此爲《羔羊》之中"五紽"（前文首五《風》爲"五紽"。"五紽"及下文之"五緎""五總"，見本篇第四十八則脚注），左右合爲十千。《王》《鄭》《齊》《唐》《曹》爲"五緎"，《豳》《秦》《魏》《陳》《檜》

kuài》爲"五總",如《春秋》之八伯、二卒正。

以上五《風》爲王公,以下十《風》爲侯與小國,下經之十日爲旬也,合計全《風》爲一天子、二王後、二二伯、八侯牧、二卒正。以前五與後十相比,《邶》中居同《檜》《曹》,《周》《召》比《陳》《唐》,《王》《齊》《鄭》比《鄘》,《豳》《秦》《魏》比《衛》。五王公分司五極,十牧庶邦亦分五極,於大統爲一皇、二皇後、二帝后(帝后猶《詩·魯頌·閟宫》"皇皇帝后",后即君)、八王牧、二伯公。

以配《邶·擊鼓》以下十篇,則當合《式微》於《旄丘》,東、北方三篇,西、南方二篇。① 以配三《頌》,則《邶》《周》,《魯》《鄘》,《商》《衛》。配《大雅》,則《文王》十篇分三皇,《生民》《公劉》八篇(指《大雅》自《生民》至《卷阿》八篇)以配《周》《召》,《卷 quán 阿》以上十八篇配首五《風》,《民勞》《崧高》大小五方以配侯牧之十《風》。《小雅》則三十輻(指《小雅》自《鹿鳴》至《無羊》三十篇),爲五際、五極,配首五篇。《鹿斯》②以下,十二篇配侯牧,再分三統:《瞻洛》(即《瞻彼洛矣》,主西方素統)

---

① 結合廖平《四益詩説·詩學質疑》,《邶風》中十篇配四風爲——東:《雄雉》《匏有苦葉》《谷風》;北:《泉水》《北門》《北風》;西:《旄丘》《簡兮》;南:《擊鼓》《凱風》。

② 據廖平《四益詩説·詩學質疑》,從《小弁》"鹿斯之奔"句起分出的部分,附上《小雅·青蠅》,被稱爲《鹿斯》或《鹿斯之奔》,爲"四讒"之一。

三，《衛》前四，《豳》《秦》《陳》①；《魚藻》（主東方青統）三，《郿》前四，《王》《鄭》《齊》；《菀 yù 柳》（主中央黃統）三，②《邶》後八，《唐》《陳》。

　　總計之，則十五《國風》，合爲三皇、《邶》《郿》《衛》。五帝、《周》《召》《唐》《陳》合《邶》。三王、《王》《豳》《周》。五伯。《鄭》《齊》《秦》《魏》合《周》。

六十二

　　西人重公，公理、公法，皆不主一偏，原本於經。《詩》以九州比井田，京爲公，八州爲私。所謂"薄污我私"（《詩·周南·葛覃》）"駿發爾私"（語出《詩·周頌·噫嘻》。朱熹集傳："駿，大。發，耕也。"），皆謂八伯之私地。所云"退食自公"（《詩·召南·羔羊》）"夙夜在公"（《詩》之《召南》《魯頌》中凡數見），皆以"公"爲京邑。四隅顛倒，皆折中於公，公者不偏不倚，皇極居中，一貫之道，忠恕之訓（語本《論語·里仁》："子曰：'參乎！吾道一以貫之。'曾子曰：'唯。'子出，門人問曰：'何謂也?'曾子曰：'夫子之道，忠恕而已矣！'"），即

---

　　① 陳，當爲"魏"之誤。因前文言"《豳》《秦》《魏》比《衛》"，皆主西方；而《陳》主南方，不當與《豳》《秦》《魏》並舉。且此處三統所配八《風》侯牧中，不應重複《陳》，而略去《魏》。
　　② 按，《詩·小雅》中，《瞻彼洛矣》《魚藻》《菀柳》本各爲一篇，但廖平認爲此三詩爲三京，皆有左右，故各爲三篇，三篇又可合讀爲一篇。說見氏著《四益詩說·詩學質疑》《四益館雜著》等。

《詩》"中心"（《詩》之《國風》《小雅》中凡數見）。"恕"即"絜矩"，所謂上下、左右、前後，所惡勿施（語出《禮記·大學》"平天下"章，詳本篇第五十八則脚注）；"忠"不與詐僞對，而與偏倚對，即西人公理之説。

《尸子》（先秦雜家著作之一。《漢書·藝文志》雜家類列有"《尸子》二十篇"）言"孔子貴公"，"孔"當爲字誤。然"一貫"即中即公。《詩》所謂"進退維谷"（語出《詩·大雅·桑柔》。毛傳："谷，窮也。"），《論語》所謂"中行""狂狷"，《列》《莊》之言"公"者，尤不一而足。

六十三

天主之説，不維諸教同，經教亦然。即其專尊天而薄諸神，經傳亦同其義。余以爲孔子未出，中國實亦如此。考《喪服傳》（解釋《儀禮·喪服》經、記的傳文，相傳爲子夏所撰）多主天，"禮三本"（見本篇第三十六則脚注）所言君、親、師三本，皆直刺專主天之非。《春秋》主天，《穀梁傳》明云"爲天下主者天也"云云。《詩經》有駁專於主天之文，如"天命多辟（bì，君主）"（《詩·商頌·殷武》），"多辟"即不專主一天。董子《順命》篇尤爲精詳，所謂臣以君爲天，子以父爲天，婦以夫爲天者，蓋人人習聞專主一天之説，惟知尊天，故以三綱託之於天（《春秋繁露·基義》："王道之三綱，可求於天"）。因其所知而化一爲三，以爲之本，實即

《詩》“多辟”之義。

六十四

漢高祖初定天下，遷豪傑於關中，以消亂也。唐、宋、元、明，初得天下，開文館，招致隱逸名宿於其中，此師漢高遷豪傑之故智，而變其局者也。國朝崇尚黃教，蒙古、藏衛熬茶（又稱煎茶。舊時藏傳佛教信徒向寺廟布施酥油茶、金錢等物，稱爲熬茶）入貢，所以馭天驕、消外患，明效大驗，可計數者也。

老子與孔子善，孔子留駐中國，老子自任出關。一居一行，一精一粗，互相爲用。孔子爲老子之統帥，佛教爲聖門之前鋒。中國沿邊所有夷狄，今悉化歸孔教，皆由佛教開其先，而後徐引之，以進於聖人之道。蓋四夷風尚喜爭好殺，強悍出於性生，若驟語以倫常尊親之道，勢必捍格（抵觸）不入。必先以守貞，使其生育不至繁衍，以慈悲戒殺其狂悍之氣，然後可以徐徐羈縻之，此一定之勢。

考《列子》著書，昔人稱爲中國之佛，是釋出於道既有明徵。凡各教之盛行，皆由與其地性情風俗相宜，然後能推行不絕，盛衰存亡皆視乎此。故教通行數百年，少（稍）有窒礙，必有豪傑爲之因時變通以順人情，始能歷久不絕。由道生釋，由釋生天方（中國古代稱麥加和阿拉伯地區爲天方，此代指伊斯蘭教），由天方生羅馬（指羅馬公教），由羅馬生天主（指天主教），由天主生耶穌

（指基督新教）。近今之釋、道、天方、天主、耶穌，與前百年或數百年，莫不各有變通。始則立教以繩人，後乃因人情而改教，明效大驗，又一定之勢也。

凡各島地開創，其民情風俗不甚相遠。中國當開闢之初，與今西國同。孔子未生以前，中國所尚之教，與海外亦無大異。天不生孔子於中國開闢之初，而必生於春秋之世者，開闢之始，狉狉獉獉（pīpīzhēnzhēn，野獸出没，草木叢雜，指文明未開的原始景象），以能興利除害、治器利生爲要務，不暇及於倫常。語曰："衣食足，禮義興。"《孟子》曰："飽食煖（同"暖"）衣而無教，聖人有憂之。"（《孟子·滕文公上》）中國必待帝王捍災禦難，人民繁庶，天乃生孔子，進以倫常之道。

海外必先之以天方、耶穌、天主開其先，而後徐引之以進於孔子，此又一定之勢也。海外開闢在後，以今日形勢觀之，大約如中國春秋時之風尚。孔子曰："百世可知。"（《論語·爲政》）《中庸》曰："百世以俟聖人而不惑。"孔子去今二千五六百年，正當百世之時。釋家自云佛滅之期，亦近在一二百年內。

《荀子》"禮三本"發明聖人君、親、師三本，而斥異端一本尊天之非。一本即西人尊天主而不用君、親、師，是孔教已行之後，中國尚有祆教一本，故荀子攻之。孔子與老子分道揚鑣，六藝所言實中國之新教，化胡所用乃帝王之舊教。開闢之初，《舊約》爲宜，新教已立，舊無所用，故移中國之舊教以化西方初開之國。

孔子爲生民未有之聖,世界中一人已足。神州先開,不能不特生於中國,百世以下,天心作合,海外航海以求教於中國,即如各國各生一孔子。釋教與孔子所定,法滅大通,期會皆在此時。曦陽一出,星月無光,佛法絶滅之期,即聖教洋溢海外之日。"凡有血氣,莫不尊親",此世界中,盡用孔子之教以歸大同。老釋舊教,無所用之,不得不烟消火滅。天方、耶穌、天主爲釋教之支流,佛教之滅,統此數教而言,非如今之外教攻擊佛教,耶穌、天主盛行,而釋教獨滅也。

《中庸》云:"天之所覆,地之所載,日月所照,霜露所墜,凡有血氣,莫不尊親。"六合以外,道一風同。老子雖有開創之功,陳涉、吳廣不過爲真主(指漢高祖劉邦)驅除(言驅除患難),然謂陳、吳無功於漢高,則非也。

六十五

中國舊所稱異教,曰道、曰釋。今以道爲皇帝之學,歸於《詩》《易》,所統佛釋,雖爲聖教驅除,然謂其別爲一派、不屬六藝則非。

考佛實出《列子》,其推測民物,譚(通"談")空説有,皆出於《易》。天堂地獄,輪迴一切,"游魂爲變"(《易·繫辭上傳》)"方生方死"(《莊子·齊物論》)之説。其善談名理,皆出於名家,即《論語》《孟子》“堅白異同”①之説。至於不婚、戒殺,特因地制宜,所以消淫殺之風。其精微宗旨,流爲宋人道學,於樂教尤近,故宋人喜言《樂記》。

蓋佛書皆梵語,其宗派亦不止一端,昔人謂經由譒譯(猶翻譯。譒,同“播”,傳布),皆中人(見《論語·雍也》:“中人以上,可以語上也;中人以下,不可以語上也”)以《老》《莊》之説參入其中。然其議論實多出《莊》《老》之外,亦非譯者所能僞造。總其會歸,源出《老子》,與道家之説大同小異。《中庸》云:“萬物並育而不相害,道並行而不相悖。”知其爲因俗立教,不必與中國强同。聖教大明,自消歸無有,則又不必攘臂(捋起衣袖,伸出胳膊,激奮貌。語出《老子》第三十八章:“上禮爲之而莫之應,則攘臂而扔之。”)相争矣。

六十六

王(指王弼,三國魏玄學家,曾爲《周易》《老子》等作注,並著有《周易略例》《老子指略》等)、韓(韓康伯,東晉玄學家,接續王弼《周易注》,注下經)

---

①　見《論語·陽貨》:“不曰堅乎,磨而不磷;不曰白乎,涅而不緇。”《孟子·告子上》:“異於白馬之白也,無以異於白人之白也。”又,戰國時名家公孫龍子提出的“離堅白”説,見《公孫龍子·堅白論》:“堅、白、石,……視不得其所堅,而得其所白者,無堅也;拊不得其所白,而得其所堅,得其堅也,無白也。”惠施提出的“合同異”説,見《莊子·天下》:“大同而與小同異,此之謂小同異;萬物畢同畢異,此之謂大同異。”

以《莊》《老》説《易》，爲世詬病。今乃以《莊》《老》爲《易》《詩》先師，而不與王、韓同病者，蓋當時海禁未開，不知《莊》《列》專言皇帝，由德行科出，但剽竊玄言，流於空渺。以《莊》《列》論，已失其宗旨，推之於《易》，愈見惝恍（惝，chǎng 或 tǎng。惝恍，恍惚迷離）。

　　蓋《莊》《列》所言諸經義例大同，典章制度，語語徵實。亦如《王制》《周禮》發明經傳義例，精確不移。如"凡（國名）之亡非亡，楚之存非存"（語出《莊子·田子方》，詳本篇第十則腳注），即説《井卦》之"無得無喪"（《易·井》卦辭原作："改邑不改井，无喪无得，往來井井。"）。惟自皇帝觀之，彼得此失，皆在疆宇之内，楚弓楚得（典出《説苑·至公》等，詳本篇第十則腳注），何得失之足言？又如"夏革"篇，即《詩》之"不長夏以革"；"九洛"即《鄘》《衛》二《風》八侯王之淇、沫、浚、妹之師説（見本篇第十七則箋注）；天地之外，更有大天地（語本《列子·湯問》："朕亦焉知天地之表，不有大天地者乎？"），即乾、坤之外更有泰、否；"八千歲爲春，八千歲爲秋"（《莊子·逍遙遊》），即《詩》之"君子萬年""萬壽無疆"；《逍遙游》之北溟（又作"北冥"，即北海。因其溟漠無涯，故稱溟）之鯤、圖南之鵬，即乾之龍、坤之朋。

　　《書》爲行，《詩》爲志，百世大統之治，未見之實行，故託之於思夢神游。"《詩》言志"（《書·舜典》），《詩》無"志"字，以"思"代之。《詩》多言鬼、言游，即齊思神游之説。"無爲而無不爲"（《老子》第三十七章），即"君逸臣勞"（見《慎子·民雜》："君逸樂而臣任勞。"《韓非子·主道》:"臣有其勞,君有其成功。")"舜無爲,有五臣而天下治"(語出《論語·泰伯》,原作:"舜有臣五人而天下治。")之意。孔子因百世以後之事,無徵不信,故託之於歌謠、占筮。《莊》《列》師此意,故不莊語(見《莊子·天下》:"以天下爲沈濁,不可與莊語。"王先謙集解:"莊語,猶正論。")而自託於荒唐。至"聖人不死,大盜不止"(《莊子·胠篋》),謂聖人無死地,大道長存,而後人誤讀"大道"爲"大盜"。孔子作《春秋》以表恒、文之功,孟子主王道,則斥二伯之非。①《莊》《列》專言皇帝,故尊道德而薄仁義,與孟子貴王賤伯之意同。

韓昌黎(指韓愈。韓愈常據先世郡望自稱昌黎人,故後世又稱其爲韓昌黎)不知道、德、仁、義爲皇、帝、王、伯之分,乃以道德爲虛名。王、韓之流以此説《老》《莊》,失其旨矣!其書於孔子有尊崇者,有詆毀者,其尊崇者爲莊語,其詆毀者皆隱指,後世儒家不善學者之流弊。如"《詩》《書》發塚(同"冢")"(語出《莊子·外物》,原作:"《詩》《禮》發塚。")"盜亦有道"(《莊子·胠篋》),皆指後世僞儒言之,所以峻其門牆。如盜跖(zhí。即柳下跖,春秋末期民衆起義首領,歷代視之爲"犯上作亂"的盜賊),豈不知其不同時?以此見其寓言。王、韓不惟不知經,先失《老》《莊》之意。

今者車輻脫(出),地球通,由言内之意以推言外之旨,誠所謂"無爲而無不爲"。與王、韓之解有虛實之不同,其相去

---

① 見《孟子·梁惠王上》:"齊宣王問曰:'齊桓、晉文之事可得聞乎?'孟子對曰:'仲尼之徒無道桓、文之事者,是以後世無傳焉,臣未之聞也。'"

知聖續篇　　**215**

不可以道里計也。然亦時勢爲之,不得爲王、韓咎也。

六十七

子家爲專治海外之學,《莊子》所謂"方術"(見《莊子·天
下》:"天下之治方術者多矣,皆以其有爲不可加矣。")。今以太史公之六
家分配五方,中國爲儒家,泰西爲墨學,前人皆有定論。今以
刑法屬北方,《秦本紀》言秦當水德,尚慘刻(此説今載《史記·秦
始皇本紀》,參本篇第七則脚注);南方爲禮,爲兄弟,以名家歸之,決
嫌疑,别同異;以道家居中,輔之以陰陽家。《史記·六家要
指》:道家者流,"因①陰陽之大順,采儒墨之善,撮名法之要"。
道家統五家,如上帝統五帝,上天統五天。《論語》"夫子溫、
良、恭、儉、讓以得之"(《論語·學而》),五者爲五帝德。溫東、良
西、恭南、儉北,讓爲土,居中。溫儒家,良墨家,恭名家,儉法
家,讓道家。此《民勞》五章五大州,《周禮》五官奉六牲(見本
篇第五則脚注)之説也。道家爲皇,陰陽家爲二伯,儒、墨、名②、
法爲四岳,顛倒反覆,以濟其平。

至《漢·藝文志》六家之外再有四家,曰農、曰縱橫、曰小
説、曰雜家,以居四隅,合而爲十。六家爲《易》上經之乾、坤、
坎、離、否、泰,十家如下經之十首卦:咸、恒、損、益、震、艮、巽、

----

① 因,原作"采",蓋涉下文而誤,據《史記·太史公自序》改。
② 名,原作"刑",據上文改。

兌、既濟、未濟。

六十八

上經小，下經大。今以由小推大例，以有定六《國風》比之上經，兩京泰、否比《檜》《曹》。前離後坎，左乾右坤，二公二侯比《唐》《陳》《周》《召》。六合、五官爲小球。一定起例，如推則下經十首比三統。《風》既推大又循環，兩京損益（前文云"損、益居十合一"，"居中以化成之"），《邶》《王》咸。《豳》；恒。前後三內公，《鄘》既。《鄭》震。《秦》；巽。左右三大伯，《衛》未。《齊》艮。《魏》。兌。九《風》所編之篇目，以配十六牧、八監。此以《風》詩配上下六首、十首之法也。六定卦，九循環；《詩》六定《風》，九循環（見本篇第三十九則"《國風》六定局""《國風》六定、九行"脚注）。

至於推之上經，則合三十六卦爲一統，泰、否爲君，坎、離前後，乾、坤東西，爲八伯、以一卦綜（按，坎、離、乾、坤之綜卦爲本卦），算成二卦。十六牧、乾坤、坎離各統八卦。八監、泰、否所統八卦。二客，大過綜（大過與頤互爲綜卦），成二。以一見以明由小推大之例。以小畜、大畜、大過、小過爲之標識，一小一大，借以立法，不再推三統。

下經不言小，故平列三統之德，再以六合之法推之。《小雅》首四方三十輻三十篇，《節》四岳四篇（據廖平《詩經經釋》，指

《節南山》《正月》《十月之交》《雨無正》四篇），三《小》三，上半由大而小，下半外牧十六篇，三統平分十五篇，終以八伯，先大後小。而《大雅》三十一篇，三皇十篇；二伯八，《生民》《公劉》統之；五極五，《民勞》以下（指《民勞》《板》《蕩》《抑》《桑柔》五篇）；五岳五，《崧高》以下（指《崧高》《烝民》《韓奕》《江漢》《常武》五篇）；終三統，《雲漢》三篇（據廖平《詩經經釋》，指《雲漢》《瞻卬》《召旻》三篇，又稱"三大天"）。

　　上、下二經，定局六《風》，循環九《風》，篇章爻卦，亦各有表。大約明用六合，實則三終始壯①、終衣裳裘之法，爲讀《易》一大例也。

六十九

　　予丁酉（1897）於資中（今屬四川内江市）以"釋球"課同學，頗有切合，因彙集諸作以聚珍板印，名曰《地球新義》。戊戌（1898）、己亥（1899）續有題，合原本共三十題，羅秀峰再刻於成都。刻成，僅二十題，餘多未刻。急於出書，故缺略次序，亦未精審。因分小、大，而有《百種書目》（全稱爲《四益館經學叢書百種解題》，後在此基礎上編成《四益成 chéng 書目》，收入《六譯館叢書》）之刻。

---

　　① 壯，即上文"三十輻"之意。見《禮記·曲禮上》："三十曰壯。""《易·大壯》九四爻辭："壯于大輿之輹。"廖平、黃鎔謂"大輿之輹"即大統皇輻，"輹"通"服""輻"。

庚寅①《縣志(指《井研縣志》)·藝文志》采序跋,加提要,所録大統各書,如《大學》、《大戴》、《逸周書》、《山海經》、《老子》、《列子》、《莊子》、《尹子》、《尹文》、《吕覽》、《淮南》、《管》、《晏》、《申》、《韓》、《河圖》諸緯、《七經緯》、《史》、《漢》、詞賦及釋典,大統皇帝之説,足與王伯相敵。因取其地輿諸説,輯爲《大共圖》(今未見此書);政事、風俗、典章注《周禮》,名《周禮新義》(今僅存《周禮新義凡例》);並推考義例,以注《詩》《易》二經。

辛丑(1901)春暮,草稿初畢,乃晚得一巨證曰:《楚辭》屈、宋(屈原、宋玉,戰國末期辭賦家)與《列》《莊》所學宗旨全同,《騷》爲《詩》餘,蓋實《詩》説。先師舉《楚辭》以説《詩》,亦如《詩》《樂》諸緯,精確不移。

考《山海》爲地球五洲之古説,《詩》《易》之於《海經》,亦如《春秋》《尚書》之於《禹貢》,《楚辭》本之爲説。地水、古帝、神示(qí,又作"祇",地神)、鳥獸、草木,如《天問》諸篇、吴氏諸書(指吴澄《易纂言》《書纂言》等),皆據《海經》爲説。所云遠游上下四旁(見《楚辭·遠遊》:"經營四荒兮,周流六漠。"廖平《楚辭新解》認爲此即《詩》之上下四旁),與《列》《莊》之神游、飛升六合、置身於"無何有之鄉"(《莊子》中凡數見),大約除名物以外,所有章句言語,不出於《詩》,則出《列》《莊》。本本原原,均可覆案(查究）。是屈、宋所學同於蒙莊（即莊周,蒙人）,**游心泰素**（即太素,古代指最原始的物質。見《列子·天瑞》:"太素者,質之始也。"）,**步超黃、老,所著諸篇,皆以發明道德宗旨、《風》《雅》義例。**

如經之"求女"（見《楚辭·離騷》:"和調度以自娛兮,聊浮游而求女。"）,**即《詩》之求諸侯,東釣魚,西弋**（以絲繩系箭而射）**隼**（見本篇第六則"言釣言弋"脚注）,**其事同。所云群小衆女嫉妬、讒詬、怨詈**（ㄌì,罵）**、媾陷,亦同於《詩》;以小言、邇言**（淺近之言）**、邇猷**（淺近之謀）**爲讒言、爲憂傷喪亂,衆女爲諸侯,即《詩》之"愠于群小,覯①閔**（閔,通"愍"。覯閔,遇到的傷痛之事）**既多,受侮不少"**（《詩·邶風·柏舟》）。**《小雅·巧言、鹿斯》四篇**（指《巧言》《鹿斯》《何人斯》《巷伯》四篇,皆"言四國之亂"。《鹿斯》,見本篇第六十一則脚注）,**《青蠅》**（《詩·小雅》篇名）**《柏舟》**（《詩·邶風》篇名）**《谷風》**（《詩·小雅》篇名）**等篇皆同。蓋大同至公無我,凡自私自利,五伯攻取,諸侯并爭,蝸角蚊睫**（蝸牛的角和蚊子的睫毛,喻極爲狹小的境地）,**所謂申**（申不害）**、韓**（韓非子）**、孫**（孫武）**、吳**（吳起）**、蘇**（蘇秦）**、張**（張儀）**論述,以大人觀之,所謂讒間搆昏。**

所云内美、外修（見《楚辭·離騷》:"紛吾既有此内美兮,又重之以修能。"）**、中情**（《楚辭》中凡數見）**、衣裳冠服**（四字在《楚辭》中凡數見）,**亦同於《詩》。爲中外地方言之,春秋、寒暑、日月、霜露**（《楚辭》中四詞或其同義詞凡數見）,**亦即四荒、四極之起文。木蘭與秋**

---

① 覯,原誤作"搆",據《毛詩正義》改。

蘭（《楚辭》中兩詞凡數見）分東西，木即《詩》木瓜、木桃、木李（見《詩·衛風·木瓜》："投我以木瓜，報之以瓊琚"；"投我以木桃，報之以瓊瑤"；"投我以木李，報之以瓊玖"）之字法。以瓊佩（見《楚辭·離騷》："何瓊佩之偃蹇兮，衆蔓然而蔽之？"）爲西，亦即瓊瑤、瓊琚、瓊玖之佚文。

赤松（即赤松子。《楚辭》中凡數見。據劉向《列仙傳》載，赤松子爲神農時雨師，"能入火自燒"，"至崑崙山上，隨風雨上下"）、王喬（又作王子喬。《楚辭》中凡數見。據劉向《列仙傳》載，王子喬即周靈王太子晉，"好吹笙作鳳凰鳴"，得道後駕鶴雲遊）皆爲求仙。彭、咸即《山海經·大荒西①經》："有山名曰豐沮玉門，日月所入。有靈山，巫咸、一（《山海經》原文列第一）。巫彭，四（《山海經》原文列第四）。及即、肦 bān、姑、真、衣（巫衣疑即《山海經》原文之"巫禮"或"巫履"）抵、謝、羅，共十巫。從此升降，百藥爰在。"與《地形訓》所言地中相同。考彭、咸共五六見，經云"願依彭、咸之遺則"，"吾將從彭、咸之所居"（兩句均出《楚辭·離騷》），又"指彭、咸以爲儀"，"思彭、咸之故也"，"夫何彭、咸之造思"，"昭彭、咸之所聞"（四句均出《楚辭·九章》）。

案：靈山，"日月所入"，巫咸、巫彭"從此升降"，即"彭、咸之所居"。經中言巫咸作卜，別有《卜居》篇（《楚辭》篇名），則"咸"即巫咸，"居"即卜居，與靈山十巫升降之區明矣。或云彭即靈芬（又作"靈氛"。《楚辭·離騷》中凡數見），靈山之巫彭，"彭""芬"字通。屈、宋多用《海經》，則《卜居》從居，當即大荒靈山彭、咸，

---

① 西，原誤作"北"，據《山海經》改。

爲十巫之二,蓋可知矣。王(指王逸,東漢文學家,著有《楚辭章句》)
注以爲沈(同"沉")淵之人(見王逸《楚辭章句》:"彭咸,殷賢大夫,諫其君
不聽,自投水而死。……言己自傷所行不合於世,將效彭咸自沈身於淵,乃太
息長悲。"),經固無此意。使(假使)用沈淵事,則《列》《莊》故事
甚多,奚必用此無徵之人!

<h1 style="text-align:center">七十</h1>

《詩》專詳地球五洲之事,爲《莊子》"六合以内";《易》專
言天道,爲"六合以外"。道家之乘龍、御風,《楚辭》之登天上
征,《國語》引《尚書》"絶地天通",言顓頊以前人能升天,傳
述其說,蓋專爲小統言之。

至於大統,則人實能登天。如西人所云日輪中通商之説。《列
子·湯問》篇言天地之外,更有大天地。以《易》言之,乾、坤
爲小天地,泰、否爲大天地。二氏(指上文之"彭、咸")登天之説,
不盡虛空。其説皆發源於《易》,如《莊》《列》及《楚辭》所云,
所謂"上窮碧落下黃泉"(白居易《長恨歌》)、開天門(見《楚辭·九
歌·大司命》:"廣開兮天門,紛吾乘兮玄雲。")、騺(通"陟" zhì,升)帝京、
詢太微(即太微宫,五天帝之所居。見《楚辭·遠遊》:"召豐隆使先導兮,問
大微之所居。集重陽入帝宫兮,造旬始而觀清都。")者,百世後必有之
事,如近西人氣球,其權輿(萌芽,始初。典出《詩·秦風·權輿》:"于
嗟乎! 不承權輿。")也。《易》"初登于天,後入于地"(《易·明夷》上

六爻辭),及"上下求索"(語出《楚辭·離騷》:"路曼曼其修遠兮,吾將上下而求索。")之意。

日不動,地繞日而成晝夜。登天入地,本謂人事。舊説據渾天家説(渾天家爲古代主渾天説的天文學家,其説謂天包地如卵裹黄,其形體渾渾然),以登天入地皆指爲日體,不謂人事,其實非也。御風上征之説,自《楚辭》、道家以後,詞賦家轉相習用,所謂遊仙與海外九州之説,實足相敵。元明以前,同以爲悠謬之談、無稽之説。乾嘉以後,地球之説大顯,四方四極,晝夜反,寒暑異,近人皆知實有其地,實有其事,古説信而有徵。惟上天之説,人尚疑之。既無其事,則無稽之談,何以人人傳習?老師宿儒、通人碩輔,夙以正學自命者,亦言之不諱。蓋談天説地,皆爲經學舊説,前人囿於耳目,斥爲虛誣。紀文達(即紀曉嵐。見《知聖篇》第五十一則脚注)、阮文達①於中學最號博通,乃疑西人五洲之説爲虛誣,此專任耳目之過。大地之説,今日大顯,登天舊義,安知千百年後,遊天球一週,不如今環遊地球一週乎?

今用《莊子》説,六合以内統歸於《詩》,六合以外統歸於《易》。將秦漢以來所有登天之説彙集一書,詳其條列②,據以説《易》。《列》《莊》談地之説,前人以爲寓言者,今一一皆可

---

① 阮文達,即阮元(1764—1849),字伯元,號芸臺,謚文達,清江蘇儀徵人。官至體仁閣大學士。提倡樸學,曾在杭州設詁經精舍,在廣州設學海堂。著有《揅經室集》,又修《經籍籑詁》,刻《十三經注疏》,編刻《皇清經解》等書。

② 條列,據文意當作"條例"。

指實。由地推天，其事易也。乘雲上升，物理所有，聖神先知垂爲典訓。必推究其極，以爲群經之歸宿，一如朱子輯《近思錄》，首卷高談玄渺，采《太極通書》(北宋理學家周敦頤所撰哲學著作，朱熹編訂。是書包括《太極圖》《太極圖說》《通書》三部分，旨在闡發《易經》之理)之例。夫明天道、說陰陽，儒家之常語，特未能推究其旨，猶守井蛙夏蟲(典出《莊子·秋水》："井蛙不可以語於海者，拘於虛也；夏蟲不可以語於冰者，篤於時也。")之見耳。

七十一

孔子制作，於一定之中，立爲三統之變。三統①則爲三王，大統則爲三皇。三王之說，《尚書》《春秋》詳之；三皇之說，則義存《詩》《易》。

考《詩》一《風》一篇，多兼言三統，一《風》不止當一代。如《王風》，始三篇言蒼天，以東方爲主，爲天統；中四篇言四方，以中爲主，爲人統；末三章言留(見《詩·王風·丘中有麻》："彼留子嗟"，"彼留子國"，"彼留之子")、言采葛(見於《詩·王風·采葛》)，爲素統，素統乘權爲西方之伯。一《風》兼三統，如《著》(《詩·齊風》篇名)詩之素、青、黃三章分三統，是三統爲循環大例。

以此推之，《易》每卦六爻亦當分三統。如乾卦三、四爲

---

① 三統，據文意當作"小統"。

六爻之中,此爲地球地中黃帝,故二爻多言"无咎","无咎"即黃帝無疆無涯;二、五爻爲中國之中,爲天統,二、五多言吉,東方爲吉;初、上爲西極地中,中國爲三四、二五之中,西極邊遠無中可言,故初、上二爻爻詞多言凶。素衣麑裘爲凶服,一卦六爻分三統,三、四爲黃衣狐裘,二、五爲緇衣羔裘。

六爻分應三統,如《詩》之一《風》分應三統,實則小王統見於《小雅》、上經,大皇統見於《大雅》、下經。二經雖以大爲主,亦以小配大。由小可推大,大亦可化爲小也。

主要徵引書目

《十三經注疏》,(清)阮元校刻,中華書局 1980 年影印版。

《十三經注疏》,《十三經注疏》整理委員會整理,北京大學出版社 2000 年版。

《緯書集成》,(日)安居香山、中村璋八輯,河北人民出版社 1994 年版。

《大戴禮記匯校集解》,方向東撰,中華書局 2008 年版。

《春秋繁露校釋(校補本)》,鐘肇鵬主編,河北人出版社 2005 年版。

《史記》,(漢)司馬遷撰,(宋)裴駰集解,(唐)司馬貞索隱,(唐)張守節正義,中華書局 2014 年版。

《漢書》,(漢)班固撰,(唐)顏師古注,中華書局 1962 年版。

《國語集解》,徐元誥撰,中華書局 2002 年版。

《孔子家語疏證》,(清)陳士珂輯,商務印書館 1937 年版。

《荀子集解》,(清)王先謙撰,中華書局 1988 年版。

《説苑校證》,劉向撰,向宗魯校證,中華書局 1987 年版。

《法言義疏》,汪榮寶撰,中華書局 1987 年版。

《潛夫論箋校正》,（漢）王符著,（清）汪繼培箋,彭鐸校正,中華書局 1985 年版。

《韓非子集解》,（清）王先慎撰,中華書局 1998 年版。

《吕氏春秋集釋》,許維遹撰,中華書局 2009 年版。

《淮南子集釋》,何寧撰,中華書局 1998 年版。

《山海經校注》,袁珂校注,北京聯合出版公司 2004 年修訂版。

《老子道德經注校釋》,（魏）王弼注,樓宇烈校釋,中華書局 2008 年版。

《列子集釋》,楊伯峻撰,中華書局 1979 年版。

《莊子集釋》,（清）郭慶藩撰,中華書局 2016 年版。

《楚辭補注》,（宋）洪興祖撰,中華書局 1983 年版。

《六臣注文選》,（南朝梁）蕭統編,（唐）李善等注,中華書局 2012 年版。

《六譯館叢書》,上海圖書館、重慶圖書館藏四川存古書局民國時期彙印本。

《廖平學術論著選集（一）》,巴蜀書社 1989 年版。

《六譯先生年譜》,廖宗澤編撰,《儒藏·史部·儒林年譜》第四十九册,四川大學出版社 2007 年版。

圖書在版編目（CIP）數據

知聖篇 / 廖平著；潘林，曾海軍校注. -- 北京：華夏出版社有限公司，2021.5

（中國傳統：經典與解釋）

ISBN 978-7-5222-0080-4

Ⅰ. ①知… Ⅱ. ①廖… ②潘… ③曾… Ⅲ. ①經學－研究 Ⅳ. ①Z126

中國版本圖書館 CIP 數據核字(2020)第 253584 號

知聖篇

作　　　者	廖　平	
校　　　注	潘　林　曾海軍	
責任編輯	李安琴	
特邀編輯	朱綠和	
責任印製	劉　洋	

出版發行	華夏出版社有限公司
經　　銷	新華書店
印　　裝	三河市少明印務有限公司
版　　次	2021 年 5 月北京第 1 版
	2021 年 5 月北京第 1 次印刷
開　　本	880×1230　1/32
印　　張	7.75
字　　數	141 千字
定　　價	58.00 元

華夏出版社有限公司　地址：北京市東直門外香河園北里 4 號　郵編：100028
網址：www.hxph.com.cn　　電話：(010)64663331(轉)
若發現本版圖書有印裝品質問題，請與我社營銷中心聯繫調換。

西方传统：经典与解释
Classici et Commentarii

HERMES
刘小枫◎主编

经典与解释辑刊